C.H.BECK WISSEN

AF569323

Im Frühjahr 1519 landeten spanische Eroberer unter Führung von Hernán Cortés in Mexiko und unterwarfen in nur zwei Jahren die mächtigen Azteken. Bald gerieten weite Teile Amerikas unter spanische Herrschaft. Vitus Huber geht dem Rätsel nach, wie das so schnell und ohne königliche Truppen geschehen konnte, und wirft einen neuen, frischen Blick auf die Konquistadoren. Er beschreibt anschaulich, wer sie waren, wie sie lebten, wie ihre Beutegemeinschaften funktionierten, und erklärt, warum aus einer chaotischen Eroberungsphase langfristige koloniale Herrschaft hervorgehen konnte.

Vitus Huber, Dr. phil., forscht an der Harvard University. Er war wissenschaftlicher Mitarbeiter am Historischen Seminar der Ludwig-Maximilians-Universität München und Gastwissenschaftler in Madrid, Mexiko-Stadt, Sevilla und Providence (RI).

Vitus Huber

DIE KONQUISTADOREN

Cortés, Pizarro und die Eroberung Amerikas

C.H.Beck

Meiner Familie
sowie meinen ehemaligen Kolleginnen,
Kollegen und Studierenden
in München

Mit 10 Abbildungen und 3 Karten
(© Peter Palm, Berlin)

Originalausgabe
© Verlag C.H.Beck oHG, München 2019
Satz: C.H.Beck.Media.Solutions, Nördlingen
Druck und Bindung: Druckerei C.H.Beck, Nördlingen
Reihengestaltung Umschlag: Uwe Göbel (Original 1995, mit Logo),
Marion Blomeyer (Überarbeitung 2018)
Umschlagabbildung: Hernán Cortés landet 1519 in Mexiko,
Buchmalerei aus dem 16. Jahrhundert (Ausschnitt),
© akg-images/British Library
Printed in Germany
ISBN 978 3 406 73429 8

www.chbeck.de

Inhalt

Einleitung

Vor rund 500 Jahren «entdeckten» Kolumbus und seine Begleiter Amerika. In der Folge wurden bekanntlich in relativ kurzer Zeit (1492–1572) weite Teile des amerikanischen Doppelkontinents sowie der Philippinen unter spanische Herrschaft gebracht. Wie das gelingen konnte, ist erklärungsbedürftig. Die *Conquista* (= Eroberung) und das daraus resultierende erste Weltreich, in dem «die Sonne nie untergeht», entsprangen nämlich keinem politischen Plan der kastilischen Krone. Statt auf Eroberungen regulärer königlicher Soldaten oder Söldner gingen sie auf die private Initiative sogenannter Konquistadoren zurück. Wer waren diese meist jungen Männer aus den mittleren Gesellschaftsschichten und aus verschiedenen Berufsfeldern, die im Namen der Krone, aber «auf eigene Kosten und aus freiem Willen» in ihnen fremde Gebiete zogen? Wie organisierten und finanzierten sie sich, wenn nicht als Armee oder Söldnertrupp? Und warum verschuldeten sie sich oder setzten ihr Leben und ihr Vermögen aufs Spiel für dieses Wagnis? Diese Fragen zu beantworten ist schwierig, weil der welthistorische Vorgang der *Conquista* auf mehreren Ebenen verklärt ist: In den Quellen kommen nur wenige Beteiligte überhaupt zu Wort, die Zeitzeugen sowie die Historiografie idealisieren oder skandalisieren die Darstellungen entlang bestimmter Interessen oder aufgrund von Missverständnissen, und schließlich ist selbst die Sprache betroffen von diesen Auslegungsproblemen.

Der Begriff des Konquistadors ist auf die sogenannte *Reconquista* zurückzuführen, die zur «Rückeroberung» stilisierte Konfrontation christlicher Könige mit den Muslimen auf der Iberischen Halbinsel (718/722–1492). Nachdem Jaime I., König von Aragonien, 1238 die Stadt Valencia von den Mauren erkämpft hatte, wurde er mit dem Beinamen «el conquistador», also «der Eroberer», betitelt. Heute stehen «die Konquistadoren» ohne geografischen Zusatz für die Eroberer Spanisch-Amerikas und «die *Conquista*» für ihre Eroberungen. Bis Mitte des 20. Jahrhunderts klang dabei eine Heroisierung der Akteure und ihrer Taten mit. Ebenso idealisierend sind weitere mittelalterliche Termini für die Konquistadorenverbünde wie «compaña» (= kleine Beutegemeinschaft) oder «hueste» (= Heerschar), die aus dem Kontext der *Reconquista* stammen und mit denen insbesondere die spanische Forschung die *Conquista* als Fortsetzung des Krieges gegen die «Ungläubigen» rechtfertigen wollte. Zudem werden die Konquistadoren oft fälschlicherweise als «Soldaten» bezeichnet, die einer «Kompanie», «Armee» oder auf See einer «Armada» angehörten. Das ist deshalb irreführend, weil die Männer keinen fixen Sold erhielten und in keinem regulären Kriegsheer dienten. Der selbst von den Zeitgenossen verwendete Militärjargon war mangelnden Alternativen oder zeitgenössischer Rhetorik geschuldet, die nach außen legitimes und den Normen entsprechendes Verhalten signalisierte. Damit demonstrierten die Akteure Königstreue und distanzierten sich etwa von Räuber- und Piratenbanden. In den altspanischen Quellen finden sich aber vor allem der zweideutige Ausdruck «en compania» (= in Begleitung/Kompanie) oder das Wort «gente», also schlicht «Leute». Individuell bezeichneten sich die Beteiligten entweder als «Spanier», «Christen» oder als «compañeros». Letzteres wies sie als gleichberechtigte Teilnehmer eines gemeinsamen Unternehmens (*compañía*) aus.

Aufgrund der gestaffelten Belohnungsschemata definierten und inszenierten sich die Eroberer allerdings schon selbst als Konquistadoren. Jeder hatte für seinen Einsatz Anspruch auf einen Teil der Beute. Zudem bestand auf politischer Ebene die Aussicht auf eine zweite Belohnung, weil in der kastilischen Gnadenökonomie der König seine treuen Untertanen entsprechend ihrer «Dienste und Verdienste» prämieren musste. Die Zugehörigkeit zu den Konquistadoren – und vor allem zu den «Ersten Eroberern» (*primeros conquistadores*) – versprach also Privilegien. Um diese zu sichern und daraus Kapital zu schlagen, baten die Akteure die Krone um Anerkennung ihres Status als Konquistador sowie um königliche Gnaden und präsentierten sich dabei als möglichst verdienstvoll. Die stark interessengefärbte Quellensprache schlägt sich noch heute auf die gängigen Bilder der *Conquista* in Kunst und Wissenschaft nieder.

Die Frage nach ihrer Organisation wurde ebenfalls von der Rhetorik und der aufgeladenen Semantik beeinflusst. So erschienen die Eroberungszüge lange als feudale Gefolgschaften oder als frühkapitalistische Unternehmen. Weil diese Modelle nur begrenzt zutreffen und sie gerade die konstitutive Verflechtung der beiden Bereiche verschleiern, ist seit der Jahrhundertwende der Joint-Venture-Charakter mit seiner spezifischen Vertragsbasis zwischen der Krone und den Eroberungswilligen betont worden: Die Krone erteilte im Normalfall nur die Erlaubnis für eine Expedition, die Ausrüstung der Schiffe hatte der Lizenznehmer (*capitulante/asentista*) zu finanzieren, und die einzelnen Konquistadoren mussten für sich selbst aufkommen. In der Konsequenz sind jüngst die besonderen Anreiz- und Belohnungsschemata der Beute- und Gnadenverteilung herausgearbeitet worden. Dieser Ansatz berücksichtigt sowohl die materielle Ebene (Bodenschätze, Indios) als auch die symbolische (Titel). Des Weiteren erlaubt er, das Innenleben der Beutegemeinschaften, die situative Dynamik und Flexibilität sowie die Spielräume vor Ort in den Blick zu nehmen.

Die Frage nach der Motivation der Konquistadoren wurde abwechselnd mit der Gier nach Gold oder mit christlich-feudalen Dienstmentalitäten gegenüber Gott und dem König beantwortet. Irving Leonard beschrieb die Konquistadoren 1949 als Glücksritter, bei denen die Lektüre populärer Ritterliteratur chevalereske Abenteuerlust geweckt habe. Einzelne mögen dadurch animiert worden sein, aber größtenteils entstammen auch diese Erklärungen den zeitgenössischen Skandalisierungs- und Rechtfertigungsdiskursen. Entweder wurden die Konquistadoren darin von Kritikern diffamiert oder sie inszenierten sich selbst als gottesfürchtig und königstreu. Entsprechend schwierig ist es, die Motive der Einzelnen zu benennen, vor allem weil jeweils mehrere Beweggründe und Zufälle zusammenspielten. In der Summe strebten die Beteiligten jedoch nach materiellem Reichtum und sozialer Besserstellung. Strukturelle Push-Faktoren bildeten vermutlich die Verarmung des spanischen Landadels sowie das 1505 veränderte Erbrecht, das das immobile Erbe ungeteilt dem Erstgeborenen zusprach (*mayorazgo*). Den jüngeren Brüdern blieb scheinbar nur die Wahl zwischen Kloster und Krieg beziehungsweise *Conquista*.

Die Fragen nach Herkunft, Organisation und Motivation der Konquistadoren sind wie erwähnt eng verbunden mit jenen zum Ablauf der *Conquista*. Der schon von den Zeitzeugen propagierte Mythos des «Wunders», wonach ein paar hundert Spanier abertausende indigene Krieger bezwungen hätten, hat durch die Forschung der letzten Jahrzehnte seine Überzeugungskraft eingebüßt. In Wahrheit kämpften große Kontingente von indigenen Kriegern gegeneinander, während die Spanier eine vergleichsweise kleine Zahl ausmachten. So hat die Beteiligung der Einheimischen Amerikas seit den 1960er Jahren ein größeres historisches Interesse erfahren. Gleiches gilt für die Dunkelziffer an Frauen, Schwarzafrikanern, Sklaven und Dienern. Deren Rollen etwa als Träger, Köche, Übersetzer, Geliebte, Prostituierte, Schildknappen und «Handlanger» diverser Arbeiten waren zwar wichtig, aber haben nur wenige Spuren in den Archiven hinterlassen.

Weitgehend ausgeklammert von der Infragestellung alter Deutungsparadigmen blieben erstaunlicherweise die Konquistadoren selbst, die sich in spanischen Häfen auf den Weg in die Neue Welt machten. Der Fokus auf diese Gruppe wertet den Beitrag der außereuropäischen und historiografisch marginalisierten Akteure keineswegs ab, sondern ist unter Einschluss der neuesten Forschungsergebnisse dringend nötig. Bisher liegen nur prosopografische Studien zu einzelnen Konquistadorenzügen oder Biografien zu den Anführern vor. Eine Gesamtstudie zu den Konquistadoren fehlt – insbesondere in deutscher Sprache.

Das vorliegende Buch liefert eine Einführung zu diesem Thema. Es erhebt keinen Vollständigkeitsanspruch hinsichtlich der Ereignisse, die lediglich zur Kontextualisierung dienen, oder der zahlreichen Akteure und ihrer mannigfaltigen Motive. Ein solcher Anspruch wäre ohnehin unrealisierbar, weil die Quellen über viele, auch ganz entscheidende Akteure wie Frauen und Indigene oft schweigen. Warum das so ist und wo die Grenzen der Idealisierung liegen, lässt sich jedoch durch eine kritisch hinterfragende Analyse der Konquistadoren und der Mechanismen der *Conquista* aufdecken. Anstatt das Hauptaugenmerk auf einzelne Lebensläufe zu richten oder gar eine «Geschichte der großen Männer» zu erzählen, untersucht die Studie deshalb die Gruppe insgesamt einschließlich ihrer Mikrodynamiken. Dabei soll die Verschiedenartigkeit der Konquistadoren nicht ignoriert, sondern neben dem Typischen in gegebener Kürze beleuchtet werden. So lässt sich über exemplarische Einzelschicksale hinaus zeigen, wer diese Männer waren, wie sie lebten, wie sie den Diskurs über sich und die *Conquista* prägten und welche Dynamiken die Gruppenorganisation auslöste. In diesen Beutegemeinschaften und ihren Ökonomien liegt nämlich der Schlüssel zum tieferen Verständnis davon, wie die *Conquista* überhaupt «funktionierte» und wie aus der chaotischen Eroberungsphase eine rund dreihundert Jahre währende Kolonialherrschaft in Spanisch-Amerika hervorging. Wer sich mit den Konquistadoren beschäftigt, erhält daher nicht nur Einblick in das Universum einer spezifischen Gruppe, sondern überdies Antworten auf den rätselhaft erscheinenden Vorgang der *Conquista* einschließlich ihrer Geschichtsschreibung.

1. Kolumbus und die karibische Phase der *Conquista* (1492–1519)

Zur Zeit der Renaissance machte es eine ganze Reihe von nautischen und astronomischen Erfindungen (hochseetaugliche Schiffe wie die Karavelle und Karacke, Portolankarten, Astrolabium und Kompass) den Europäern technisch möglich, in ihnen fremde Gewässer und Gebiete vorzudringen. Besonders portugiesische See- und Kaufleute segelten zu immer entfernteren Orten an der westafrikanischen Küste, um dort Gold und Sklaven zu handeln. Das mit Portugal konkurrierende Königreich Kastilien eroberte im Laufe des 15. Jahrhunderts in mehreren Anläufen die Kanarischen Inseln. Aragonien hatte schon seit dem Spätmittelalter durch militärische Vorstöße im nördlichen Afrika sowie durch die Eroberungen Siziliens und Sardiniens die Vorherrschaft im westlichen Mittelmeer übernommen. 1479 vereinten Isabella I. von Kastilien und Ferdinand II. von Aragonien die beiden Königreiche. Mit ihrem Sieg über Granada (1491/92) und der Kapitulation des letzten Maurenreichs auf der Iberischen Halbinsel waren die in der Geschichtsschreibung als «Rückeroberung» (*reconquista*) bezeichneten Kriege gegen die Muslime beendet, wofür ihnen der Papst den Titel «Katholische Könige» verlieh. Noch im Feldlager bei Granada erteilten sie Christoph Kolumbus die Erlaubnis, eine westliche Seeroute nach Ostasien und zu den begehrten Gewürzinseln (Molukken) zu suchen. Nachdem die Osmanen 1453 Konstantinopel, das heutige Istanbul, erobert hatten, war der Fernhandel über Land erheblich kostspieliger geworden. Außerdem hatten die Portugiesen im Vertrag von Alcáçovas 1479 den maritimen Handel entlang Afrikas Westküste mit Ausnahme der Kanarischen Inseln monopolisiert.

Nun kam bekanntermaßen alles anders: Anstatt eine Westpassage nach Asien zu eröffnen, gab das Kolumbus-Projekt zufällig den Anstoß für die *Conquista* Amerikas. Aber welcher rechtlichen, politischen und sozialen Rahmenbedingungen bedurfte es, dass Kolumbus seine riskante Westfahrt überhaupt antrat, und, vor allem, dass darauffolgende Expeditionen zur Kolonisierung des karibischen Raums führten? Darüber hinaus ist zu fragen, wer die Akteure waren, die sich auf solche Abenteuer einließen und diese Unternehmen umsetzten.

Fahrt ins Ungewisse: Entdeckungsreisen und Eroberungslizenzen

In der «capitulación de Santa Fee», einer lizenzähnlichen Vereinbarung vom 17. April 1492, genehmigten die Katholischen Könige dem genuesischen Kaufmann Kolumbus die vererbbaren Titel eines Admirals, Vizekönigs und Generalgouverneurs des «ozeanischen Meers» (Atlantik) und aller von ihm zu entdeckenden Inseln und Festlandgebiete. Des Weiteren sollten ihm 10 Prozent der Gewinne aus eventuellen Schätzen und Handelsgütern zustehen. Sie teilten also die erwartete Beute bereits untereinander auf, bevor überhaupt welche gemacht wurde. Woher hatten sie das Recht dazu, und welche Dynamik löste dies aus?

Zur Ausrüstung der Expedition steuerte Kolumbus 250 000 der rund zwei Millionen *maravedís* bei, die er als Kredit über den Kaufmann Francisco Pinelo von diversen italienischen Finanziers erhielt. Mehr als die Hälfte der Kosten trug die spanische Krone, die unter anderem die Hafenstadt Palos de la Frontera zwang, zwei Karavellen für Kolumbus bereitzustellen. Zusammen mit einem dritten Schiff, der Santa María, legte die Flottille am 3. August 1492 in Palos ab und setzte nach einem Zwischenhalt auf den Kanarischen Inseln am 6. September ihre Reise nach Westen fort. Nach einer Fahrt voller Hoffnung, aber auch Ungewissheit stießen Kolumbus und seine 90 bis 120 Männer am 12. Oktober 1492 auf eine Insel der heutigen Bahamas. Die Erleichterung des Genuesen lässt sich am Namen San Salvador (= Heiliger Erlöser) ablesen, auf den er die Insel taufte und für die Krone in Besitz nahm. Ihre genaue Lage bleibt bis heute umstritten, die Bewohner nannten sie Guanahani. Kolumbus behauptete, dem asiatischen Kontinent vorgelagerte Inseln entdeckt zu haben, weshalb sich im Spanischen die Bezeichnungen «indio» für deren Bewohner und «las Indias» für den geografischen Raum verbreiteten.

Auf der Suche nach Gold und Perlen entdeckten die Spanier bald, dass die «Leute der Insel» (Taíno) ihren Goldschmuck gegen Glasperlen tauschten, wie Kolumbus in sein Schiffstagebuch schrieb. Damit wollte er wohl ihre Naivität und die vorteilhaften Handels- und Versklavungsmöglichkeiten demonstrieren. Zwar ist dieses Bordbuch nur in späteren fragmentarischen Abschriften des Dominikanermönchs Bartolomé de Las Casas überliefert, der den Umgang der Spanier mit den Inselbewohnern bekanntlich vehement kritisierte, aber bis auf die gedruckten Versionen eines Briefs von Kolumbus ist es die einzige Schriftquelle zu diesen Ereignissen. Die darin vorgenommenen Vergleiche der Menschen und ihrer Umgebung mit Beschreibungen des Paradieses zeugen von der stark religiösen Mentalität des Mittelalters, während Kolumbus' kaufmännische Suche nach materiellem Profit hingegen auf neuzeitliche Handlungsmotive weist. Ergänzt durch den ihm nachträglich zugeschriebenen Entdeckergeist wird er oft als Mann des Epochenübergangs bezeichnet.

Dass die «Entdecker» und Eroberer ihre Reisen als Suche nach mythischen Orten wie dem Goldland Ophir, dem Reich der Amazonen etc. stilisierten oder die Flora und Fauna mit paradiesischen Bildern aus der Bibel verglichen, überrascht nicht. Zum einen bewarben sie damit ihre Unterfangen und wiesen sie als große Dienste sowohl für die Kirche wie auch für die Krone aus. Zum anderen fehlten teilweise alternative Begriffe, um das Unbekannte, das «Wunder» (Stephen Greenblatt) in Worte zu fassen. Wollten sie keine einheimischen Namen (Cuba, Panama, Guatemala etc.) verwenden, mussten sie auf vertrautere Analogien zurückgreifen. So verglichen sie die vorgefundenen Orte mit europäischen Städten: Amerigo Vespucci soll zum Beispiel aufgrund der Pfahlbauten im heutigen Golf von Venezuela die Region «Klein-Venedig» (*Veneziola*) genannt haben. Abgesehen von den Ortsnamen, die Heiligen (San Francisco etc.), Herr-

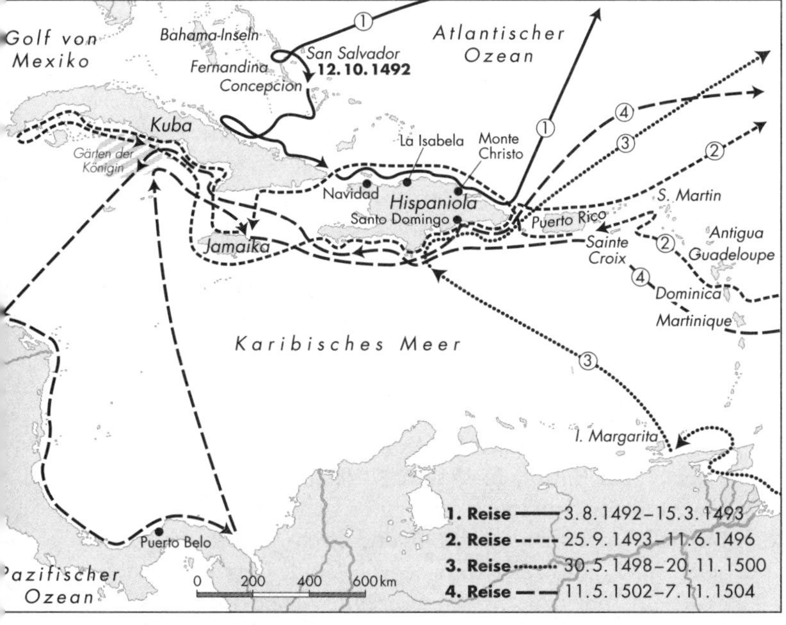

Karte 2 Die vier Reisen unter Kolumbus 1492–1504

schern (Kuba als Isla Fernandina für König Ferdinand II. oder die Philippinen für den Kronprinzen und späteren Philipp II.) oder Herkunftsorten der Anführer (etwa Pizarros Trujillo) gewidmet waren, weckten die Benennungen oft Erwartungen an Reichtum: Puerto Rico (= Reicher Hafen), Castilla del Oro (= Kastilien des Goldes), Río de la Plata (= Fluss des Silbers) oder ähnliche Namen sollten königliche Belohnungen, weitere Investitionen und logistischen Nachschub stimulieren. Schließlich war die Namensgebung Teil des rechtlichen und politischen Vorgangs, das Gebiet im Sinne der Erstentdeckung oder Eroberung in Besitz zu nehmen.

An Weihnachten 1492 lief das Flaggschiff von Kolumbus, die Santa María, an der Nordküste Hispaniolas (Haiti/Dominikanische Republik) in der Nähe des heutigen Cap Haïtien auf

Grund. Aus dem Holz des Wracks ließ Kolumbus eine grob befestigte Siedlung namens Fort Navidad bauen. Darin blieben 39 Mann zurück, die über den gastfreundlichen Kaziken Guacanagari an mehr Gold kommen sollten. Der Rest der Mannschaft trat auf den beiden Karavellen Niña und Pinta Anfang Januar die Rückfahrt an. Am 15. März 1493 erreichten sie Palos, nachdem sie elf Tage zuvor infolge eines Unwetters getrennt worden waren und bereits im galicischen Bayona beziehungsweise in Lissabons Hafen Restelo angelegt hatten.

Die Kunde von den Entdeckungen verbreitete sich rasch. Obwohl Teile Grönlands, Neufundlands und der Baffininseln bereits um das Jahr 1000 von skandinavischen Seefahrern entdeckt worden waren, begründeten indes erst die Kolumbusfahrten das europäische Wissen über ein neues geografisches Weltbild. Die Erfindung des Buchdrucks förderte dies: So wurde zum Beispiel in ganz Europa Kolumbus' Brief an seinen Unterstützer am Hof, Luis de Santángel, vervielfältigt. Darin beschrieb Kolumbus, wie unendlich fruchtbar und reich die entdeckten Länder seien. Er könne der Krone so viel Gold, Gewürze und zu versklavende oder zu christianisierende «Heiden» liefern, wie sie nur wünsche. Die Werbung verfehlte ihr Ziel nicht: Papst Alexander VI. aus dem aragonischen Borgia-Geschlecht sprach Kastilien das Herrschaftsrecht über «die entdeckten und zu entdeckenden Gebiete» zu und beauftragte sie mit der Christianisierung der Bevölkerung. Im bilateralen Vertrag von Tordesillas 1494 konnte Portugal den in den päpstlichen Bullen festgelegten Grenzmeridian zur spanischen Herrschaftssphäre auf 370 statt nur 100 kastilische Meilen westlich der Kapverden verschieben. Unbewusst fiel Portugal, dem das Hoheitsgebiet östlich der Linie zustand, dadurch die heute brasilianische Küste zu, die Pedro Álvares Cabral 1500 für Portugal in Besitz nahm.

Die zweite Kolumbus-Expedition (September 1493 bis Juni 1496) erkundete mit 17 Schiffen und 1200 bis 1500 Leuten die Großen und Kleinen Antillen. Mit diesem deutlich größeren Unternehmen wurde zwar die Suche nach einer Seeroute zu den Gewürzinseln grundsätzlich fortgeführt, gleichzeitig begann aber die punktuelle Eroberung und Besiedlung der Karibik –

vor allem der Insel Hispaniola. Von den dort zurückgelassenen Spaniern hatte keiner überlebt und das Fort Navidad lag in Trümmern. Die Kolonisten errichteten neue Siedlungen, von denen die älteste noch bestehende das heutige Santo Domingo ist, das 1496 als La Nueva Isabela gegründet wurde. Auf seiner dritten Expedition (Mai 1498 bis November 1500) sichtete Kolumbus nahe der Orinoko-Mündung die südamerikanische Küste. In seinem Logbuch verzeichnete er sie als eine den Europäern unbekannte «neue Welt», behauptete allerdings später wieder, dass die Gegend zu Asien gehöre. Erst nachdem Amerigo Vespuccis Reisebericht «Mundus Novus» (1502/03) erschienen war und Martin Waldseemüller sowie Matthias Ringmann, die sich darauf stützten, diesen «vierten Teil der Erde» als «America» (*Cosmographiae Introductio* 1507) bezeichneten, wurde in Europa die Region als neuer *Kontinent* erachtet und erhielt seinen heutigen Namen.

Im Südwesten Spaniens bot sich nun die Option, mit der Hoffnung auf schnellen Reichtum die Atlantiküberfahrt zu riskieren. Auf Hispaniola begann Kolumbus Ländereien und Arbeitskolonnen der einheimischen Taíno an die Spanier zu verteilen. Dies führte zur faktischen Versklavung der Inselbewohner und schürte weitere Konflikte – auch unter den Siedlern selbst. Daraufhin entsandte die Krone Francisco de Bobadilla (1500–1502), der Kolumbus als Gouverneur ablöste und ihn zusammen mit seinem Bruder Bartolomé Kolumbus in Ketten nach Spanien schickte. Dort wurden sie zwar begnadigt und Christoph Kolumbus betrat während seiner vierten und letzten Expedition (Mai 1502 bis November 1504) bei Honduras erstmals amerikanisches Festland. In langwierigen Gerichtsprozessen (*pleitos colombinos*) sprach die Krone ihm und seinen Söhnen die Privilegien in der Karibik aber weitgehend ab und zerschlug sein Herrschaftsmonopol.

Nun stand das Feld neuen Kandidaten offen, die eine Entdeckungs-, Eroberungs-, Handels- oder Besiedlungsexpedition wagen wollten. Als Befehlshaber benötigten sie dazu – wie zuvor Kolumbus – etwas Unternehmergeist sowie die Erlaubnis der Krone in Form einer «Kapitulation» (*capitulación* oder *asi-*

ento). Um eine solche zu erhalten, mussten sie der Krone ihr Vorhaben unterbreiten und die Bedingungen nennen, unter denen sie bestimmte Gebiete entdecken, erobern oder besiedeln wollten. Die gewünschten Privilegien bestanden in der Regel aus Steuerentlastungen, Ämter-, Herrschafts- oder Ehrentiteln und enthielten stets eine Gewinnbeteiligung an der Beute. Über solche Verhandlungen und gescheiterte Vorschläge ist außer im Falle von Kolumbus, der sein Projekt zuvor ja dem portugiesischen und dem englischen König vorgestellt hatte, bisher wenig bekannt. Wenn die spanische Krone das Unterfangen hingegen guthieß – was im 16. Jahrhundert 86-mal vorkam – und den Belohnungsforderungen zustimmte, stellte der Präsident des Kastilienrats (ab den 1520ern des neu gegründeten Indienrats) die Kapitulation aus.

Eine Kapitulation befugte den Lizenznehmer (*capitulante* oder *asentista*) dazu, eine Expedition auszurüsten und die nötigen Leute dafür zu mobilisieren. Des Weiteren wurde er, sofern er tatsächlich ein Gebiet entdeckte oder eroberte, zum *adelantado*, zum Befehlshaber vor Ort. Für die Finanzierung und Ausrüstung der Schiffe und Leute war der Capitulante verantwortlich. Die Krone legitimierte das Unterfangen lediglich und stellte Löhne und Gewinnbeteiligungen in Aussicht, die in den zu erobernden Gebieten allerdings überhaupt erst einmal akquiriert werden mussten. Die Kapitulationen folgten also einer Zug-um-Zug-Leistung, bei welcher der Lizenznehmer und die Expeditionsteilnehmer zuerst liefern mussten und somit den Großteil des Risikos trugen.

Viele waren bereit, dieses Risiko einzugehen. Zum Beispiel baten beide überlebenden Schiffsbesitzer der ersten Kolumbus-Reise, Vicente Yáñez de Pinzón und Juan de la Cosa, um Kapitulationen zur weiteren Erkundung der «Inseln und Festländer des ozeanischen Meers». In der karibischen Phase der *Conquista* wurden die Großen Antillen nominell in Besitz genommen und es entstanden erste permanente Siedlungen (Hispaniola ab 1493, Puerto Rico 1508, Jamaika 1509, Kuba 1511). Vor allem aber unternahmen die Spanier von Hispaniola aus im karibischen Raum Menschenjagden, um Sklaven für ihre Plantagenwirtschaft und zur Goldgewinnung zu bekommen. In einer zweiten Phase begannen die Eroberungen auf dem Festland (ab 1509 Panama, ab 1519 Mexiko, ab 1531 Peru). So stellte Juan de la Cosa nach Erkundungen im Golf von Uraba sein Schiff 1508 dem Zögling des Herzogs von Medinaceli Alonso de Ojeda zur Verfügung. Dieser hatte auch Kolumbus begleitet und strebte nun ebenso wie Diego de Nicuesa die Eroberung der Tierra Firme (= Festland, von Nicaragua bis zum Westen Venezuelas) an. Bei ihrem Zwischenhalt auf Hispaniola mobilisierten beide weitere Männer, darunter Vasco Núñez de Balboa und Francisco Pizarro. Letztere sollten erfolgreicher sein als Ojeda (gest. 1515) und Nicuesa (gest. 1511), die die von ihnen gegründeten Siedlungen nicht halten konnten: Núñez de Balboa wurde erster Gouverneur von Darién (im heutigen Panama) und sollte als Befehlshaber 1513 das «Südmeer entdecken» beziehungsweise als erster Europäer den Pazifik von Amerika aus erblicken. Unter seinen Anführern befand sich Pizarro, der achtzehn Jahre später mit einer eigenen Kapitulation zur Eroberung Perus aufbrach. Mit der Unterwerfung der Großreiche der Nahua und Inka führte die zweite Phase der *Conquista* nicht nur zu einer weiteren geografischen Expansion, sondern überdies zu Herrschaftskompromissen sowie neuen mestizischen Gesellschaften und Kulturen. Im Gegensatz zu den karibischen Unternehmen brachten die Konquistadorenzüge der zweiten Phase auch größere Kontingente von der Iberischen Halbinsel mit. In einer späten Phase der *Conquista* drangen die Spanier punktuell weiter in den nord- und südamerikanischen sowie pazifischen Raum vor, wo sie ab 1565 die Philippinen eroberten. In den Regelungen zur sogenannten «Entdeckung, Neubesiedlung und Befriedung» (*Ordenanzas de descubrimiento* ...) von 1573 verbot Philipp II. fortan gewaltsame Eroberungen. Solche gab es zwar auch später noch, mit dem neuen Fokus auf die Konsolidierung der bis dahin eroberten Gebiete gilt die *Conquista* aber als weitgehend abgeschlossen.

Politisch legitimiert wurde die *Conquista* durch die Erstentdeckung und die alexandrinischen Bullen. Der Lehre der Universalherrschaft zufolge führte der Papst als Stellvertreter von

Christus auf Erden Gottes Willen aus. Dadurch sah er sich befugt, mittels päpstlicher Bullen der spanischen Krone die Neue Welt zur Missionierung zuzuteilen. Diese vom *dominium universale* des Papstes abgeleitete Missionspflicht und das Recht, dafür den Kirchenzehnt einziehen zu dürfen, interpretierten Krone und Konquistadoren als Herrschaftsrecht. Für dessen Ausübung wurden sie von Geistlichen und Gelehrten kritisiert. Bereits auf Hispaniola prangerten die Dominikanermönche die Gewalt der Siedler gegen die Einheimischen an. Allen voran fragte Antonio de Montesinos in seiner berühmten Adventspredigt von 1511 vorwurfsvoll, mit welchem Recht die Kolonisten die einheimische Bevölkerung versklavten.

Daraufhin arbeitete eine Junta die Gesetze von Burgos (*Leyes de Burgos* 1512/13) aus und entwarf ein spezielles Rechtsinstrument: Fortan waren die Spanier aus kriegsrechtlichen Gründen angehalten, den Feinden vor einer Attacke das *requerimiento* vorzulesen. Darin hieß es – verkürzt gesagt –, dass der christliche Gott der einzig wahre Gott sei und sich die Indigenen zu diesem bekennen und dem spanischen König unterwerfen müssten. Kämen sie der Aufforderung nicht nach, würden sie im Sinne eines «gerechten Kriegs» (*bellum iustum*) unterjocht. Dieses selbstreferenzielle Legitimationsinstrument richtete sich aber weniger an die einheimische Bevölkerung als vielmehr an die anderen europäischen Mächte sowie an die eigenen Leute. Letzteren wurde damit der höhere Sinn ihres Unterfangens aufgezeigt, was die Moral und Disziplin der Gruppe stärken und die Kritiker besänftigen sollte. Die Bedingungen eines «gerechten Kriegs» waren außerdem erfüllt, wenn damit Tyranneien oder Häresien beendet würden. Wie zu sehen sein wird, bot das ein Argument, um Indios legal zu versklaven, wurden dadurch doch Kannibalismus, Menschenopfer, Polygamie oder Rebellionen bekämpft.

Zusammenfassend kann man sagen, dass dieser politische und rechtliche Rahmen das legitimierende Fundament der *Conquista* und des Herrschaftsanspruchs der spanischen Krone ausmachte. Auf der operativen Ebene waren es die Kapitulationen, die die vertragliche Grundlage der spanischen Expansion bildeten. Sie wiesen eine Art Joint-Venture-Struktur auf, in der die Krone das Unterfangen sanktionierte, während der Lizenznehmer es initiierte, finanzierte und durchführte. Die Krone beteiligte sich materiell nur an der ersten Kolumbus-Reise in größerem Umfang, ansonsten verfolgte sie die Devise: «In unserem Namen und auf Eure Kosten». Wie wurden also die anderen Unternehmen ausgerüstet? Wer finanzierte sie und zu welchem Zweck?

«Gold und Sklaven so viel sie verlangen»: Ziele und Investitionsketten

Die Teilnehmer der fortlaufenden Entdeckungsexpeditionen verfolgten verschiedene Ziele – und in der Regel mehrere gleichzeitig. Am offensichtlichsten strebten sie nach Gold und Ruhm. Letzteres ließ sich durch Privilegien, Ansehen oder Gunst der Krone ebenfalls in Reichtum und soziale Besserstellung verwandeln. In erster Linie aber suchten sie nach Bodenschätzen und ertragreichen Waren, um ihre Investitionen in die hochriskanten Unternehmen möglichst rasch zu decken und die Rendite zu maximieren. Weil Gold nur in begrenztem Maße verfügbar war, ging man bald dazu über, die indigenen Arbeitskräfte zu kapitalisieren. Mit der Umfahrung Südamerikas (1519–1522) durch Ferdinand Magellan und Juan Sebastián Elcano wurde zwar das ursprüngliche Ziel, eine Westpassage zu den Gewürzinseln zu finden, erreicht. Schon in der ersten Expansionsphase hatten sich aber in der Karibik lukrative Geschäfte und eine Wirtschaftsform eröffnet, die weitgehend auf indigener (sowie ab 1516 zunehmend schwarzafrikanischer) Arbeitskraft beruhte und auf die Ausbeutung der Bodenschätze abhob. Wie es dazu kam und wie sich diese Geschäftsmodelle und Investitionsketten gestalteten, verrät viel über Charakter und Entwicklung der frühen Phase der *Conquista*.

Kolumbus hatte auf seiner zweiten Reise angefangen, die Expeditionsteilnehmer mit der Zuteilung von Taíno, den Bewohnern Hispaniolas, zu belohnen. Bereits im Zuge der Eroberungen muslimischer Orte auf der Iberischen Halbinsel (*Reconquista*) sowie der Unterwerfung der Kanaren (1402–1496) war die Bevölkerung den Eroberern als Sklaven oder Tributzahler zugeteilt worden. Die Praxis des *repartimiento* (Zuteilung) ließ sich mit den Prinzipien des «gerechten Kriegs» vereinbaren. Ab 1496 war diese Art der Belohnung in der Neuen Welt gang und gäbe und degradierte die Indios zu Beuteobjekten. 1505 gestaltete der neue Gouverneur Nicolás de Ovando (1502–1509) auf Hispaniola die Zuweisung in ein *Encomienda*-System um, das – theoretisch – dem Missionierungsauftrag des Papstes nachkommen sollte. Den Spaniern wurde ein Kazike, also ein lokaler Herr, mit seinen Untertanen nunmehr temporär zur Nutznießung «anvertraut» (*encomendar* = anvertrauen). Gegen Schutz und die Unterweisung in christlicher Kultur durften die Siedler umgekehrt bestimmte Naturalabgaben von den Kaziken kassieren und die Inselbewohner für sich arbeiten lassen. Außer der Arbeit in der Landwirtschaft und auf den Plantagen (Zuckerrohr) mussten die faktisch weiterhin versklavten Indigenen Edelmetalle schürfen, Gold waschen, nach Perlen tauchen und Siedlungen bauen. Im weiteren Verlauf der *Conquista* erwarteten die Teilnehmer stets eine Belohnung für ihre Dienste in Form von Arbeitskolonnen, Sklaven oder Tributdistrikten. Auf die Bedeutung dieser Beuteökonomie wird noch eingegangen.

Die Versklavung von Indios und deren Export nach Europa hatte Isabella I. von Kastilien zwar im Jahre 1500 verboten, eine Ausnahme wurde jedoch bei den angeblich menschenfressenden «Kariben» gemacht. Auf diese mit den Taíno verfeindeten Bewohner der Kleinen Antillen ist der Name der Karibik zurückzuführen. Rechtlich stand also eine Hintertür offen für die Menschenjagden. Diese wurden intensiviert, weil die Zahl spanischer Kolonisten stieg und die Taíno-Population auf Hispaniola durch europäische Krankheitserreger, Misshandlungen und Zwangsarbeit dramatisch dezimiert worden war. Exakt lässt sich die demografische Katastrophe nicht berechnen. Fest steht, dass die einheimische Bevölkerung auf den Antillen, die aus Taíno, Guanahatabey (Bewohner Westkubas) und Kariben bestand, in wenigen Jahrzehnten fast ausstarb. Zusätzlich zum Import versklavter Schwarzafrikaner rüsteten Siedler, Kaufleute und Investoren aus europäischen Handelshäusern daher Schiffe aus, um in der Karibik Menschenjagden durchzuführen. Auf diese Weise wurden die Spanier auf Hispaniola, Kuba, Jamaika und San Juan (= Puerto Rico) mit versklavten Arbeitskräften versorgt. Aus den Plantagen- und Minenarbeiten schöpften die Land- und Sklavenbesitzer wiederum die Ressourcen, um Schiffe für neue Menschenjagden oder vermehrt auch Eroberungen zu finanzieren. In der Forschung wurde daher von einem «Beutezyklus» gesprochen, in dem sich «die *Conquista* selbst speist» (Pierre und Henriette Chaunu). Mir scheint «Beute*spirale*» noch präziser, da hiermit zudem das expansive Moment der sich ausweitenden Eroberung abgebildet wird.

Im Falle der Eroberung Nicaraguas (1522–1524) lassen sich sowohl die Beutespirale als auch die Investitionskette der *Conquista* nachvollziehen: Die Eroberer Panamas waren mit Encomiendas und versklavten Indios belohnt worden. Derart versorgt, betrieben sie Minen und schmolzen Bunt- und Edelmetalle – hauptsächlich die Kupferlegierung *guanín* – im Schmelzhaus in Panama-Stadt. Die höchsten Erträge erwirtschafteten – nicht sonderlich überraschend – der Gouverneur Pedrarias Dávila sowie seine Anführer und Ausrüster. Neben Francisco Pizarro und Diego de Almagro, den späteren Generalkapitänen bei der Eroberung des Inkareichs, gehörte zum Beispiel auch Juan Téllez zu den Profiteuren lukrativer Encomiendas. An der Unterwerfung Nicaraguas beteiligte sich dieser nicht nur mit seinen Dienern und Sklaven, sondern stellte Pedrarias Dávila zudem zwei Schiffe zur Verfügung und gab ihm einen Kredit für die Expedition. Pedrarias und seine Amtleute begleiteten den Zug indes nicht persönlich, sondern schlossen mit dem designierten Anführer Francisco Hernández de Córdoba lediglich eine *compañía*. Die aus Italien stammende Vertragsform hielt Kosten und Gewinne eines zeitlich befristeten Unternehmens ergebnisbeteiligt fest. In der Regel schlossen Konquistadoren solche Verträge, um gemeinsam ein Pferd oder ein Schiff für einen *Conquista*-Zug zu kaufen oder eine Mine zu betreiben und die Erträge später je nach Beitrag zu teilen. Dieser Unternehmergeist war typisch für die Konquistadoren. Bei der

Eroberung Nicaraguas wollte Pedrarias seinen Anteil aus der Beute, der ihm als Generalkapitän sowieso zustand, erhöhen, indem er sich als Ausrüster einbrachte. In der kleinen Investorengruppe beteiligte sich Pedrarias mit zwei Sechsteln, für die er eben Kredite von Téllez und Hernández aufnahm. Die anderen vier Sechstel teilten sich der Schatzmeister Alonso de la Puente, der Rechtsgelehrte Juan Rodríguez de Alarconcillo, der Buchhalter Diego Márquez und der Anführer Hernández. Aufgrund ihrer Investitionen sollte statt der üblichen 60–80 Prozent nur ein Drittel der Beute den gewöhnlichen Konquistadoren zufallen. Bei der Beuteverteilung kassierte Pedrarias schließlich sechs Teile (*partes*) für mitgeschickte Sklaven sowie 30 Teile für die Ausrüstung und ein Schiff. Zudem wählte er ein großes Goldgefäß als *joya* aus, als Privileg des Generalkapitäns, sich ein besonderes Schmuckstück aus der Beute herauszunehmen. Während Pedrarias ein gutes Geschäft machte, mussten etliche Konquistadoren ihre Teile an Juan Téllez weitergeben, weil sie seine Diener waren oder er ihnen einen Kredit gewährt hatte.

Solche Fernbeteiligungen an der Beute standen normalerweise nur dem König und dem Generalkapitän zu. Grundsätzlich galt eine Anwesenheitspflicht bei der Beuteverteilung. Investitionsketten mit Ausrüstern entstanden dennoch häufig bei den kapitalintensiveren Expeditionen mit Schiffen. Eroberungszüge zu Land enthielten hingegen eine gleichmäßigere Beteiligung: Jeder rüstete sich nach Möglichkeit auf eigene Kosten aus und folgte für einen Anteil der Beute einer Konquistadorengruppe.

Eine spezifische Beuteökonomie lag den Unternehmen zugrunde, durch die ab 1493 die karibischen Inseln und Anrainerküsten Stück für Stück «entdeckt» und teilweise erobert und besiedelt wurden. Ihre Finanzierung erfolgte nicht durch die Krone, sondern funktionierte als Ergebnisbeteiligung, bei der die Teilnehmer in Vorleistung gehen mussten. Das heißt, dass jeder einzelne Siedler, Handwerker, Krieger etc. für sich selbst aufkommen musste und dafür einen Anteil aus der Beute erwarten durfte. Nur Amt- und Seeleute hatten festgelegte Löhne oder eine fixe Heuer, doch selbst diese stammten im Erfolgsfall aus den erbeuteten Erträgen. Oft stellte der Capitulante, also der Generalkapitän der Expedition, seinen Leuten Nahrungsmittel zur Verfügung und gab ihnen Waffen, Kleider oder Kredite. Hernán Cortés zum Beispiel versorgte die Männer, die sich ihm auf Kuba angeschlossen hatten, vor der Abreise nach Mexiko zwei Monate lang mit Lebensmitteln unter anderem von seiner kubanischen Schweinefarm. Dadurch verschuldeten sich viele der gewöhnlichen Konquistadoren *in spe* bei Cortés oder ihren jeweiligen Anführern und wurden somit abhängiger.

Grundsätzlich konnte sich also jeder altchristliche Spanier – Angehörigen anderer Konfessionen und konvertierten «Neuchristen» war der Zugang in die Neue Welt eigentlich verboten – einem Eroberungsunternehmen anschließen. Abhängig von seinen Mitteln bestand sein Beitrag lediglich aus seiner Person, wofür ihm entsprechend ein regulärer Beuteanteil zustand. Wer waren aber diese Männer, die ihr Leben und Vermögen aufs Spiel setzten und in Erwartung einer unsicheren Belohnung in ihnen fremde Gebiete zogen?

Die *Conquista* als Graswurzelbewegung? Akteure und Karrieren

Die Konquistadoren werden oft als eine klare und homogene Kategorie dargestellt. Das rührt nicht zuletzt daher, dass sich viele der Akteure bereits selbst als den *primeros conquistadores* zugehörig bezeichneten. Als «Erste Eroberer» galten jeweils diejenigen Konquistadoren, die sich an der Einnahme eines bestimmten Gebiets beteiligt hatten. Zu den *primeros conquistadores* Mexikos gehörten zum Beispiel alle, die vor dem Fall Tenochtitlans ins Land gekommen waren. Weil den Ersten Eroberern gewisse Privilegien zustanden, versuchten entsprechend viele, sich von der Krone als solche anerkennen zu lassen. Wer und was ein Konquistador sei, wurde folglich schon von den Zeitgenossen kontrovers diskutiert. Wie sich diese Kategorie herausbildete und im Verlaufe der Zeit in der Geschichtsschreibung verändert hat, wird im letzten Kapitel behandelt. Stets bedacht werden muss, dass die Konquistadoren nur die Spitze des

Eisbergs der Akteure und Akteurinnen der *Conquista* ausmachten. Viele wurden von ihren Gefolgsleuten und Sklaven begleitet, ihre Frauen und Kinder zogen nach. Die meist fünf- bis zehnmal größeren Kontingente von indigenen Expeditionsteilnehmern werden im zweiten Kapitel behandelt. Im Folgenden sollen exemplarische Biografien skizziert werden, um sowohl die Vielfalt als auch das Typische der Konquistadoren herauszuarbeiten.

Die prominentesten Akteure sind die Generalkapitäne und Anführer, allen voran Hernán Cortés und Francisco Pizarro. Letzterer stammte aus einer Adelsfamilie, während Ersterer zum niederen Adel gehörte. Beide kamen aus der Region Extremadura und waren sogar entfernte Verwandte. Cortés wurde circa 1485 in Medellín geboren, eignete sich Grundkenntnisse des Rechts und Notariatsgeschäfts an und wollte in die italienischen Kriege ziehen. Nicht zuletzt für den verarmten Landadel boten Kriege die Chance, zu Ruhm und einem Lebensunterhalt zu kommen. Statt nach Italien gelangte er 1504 nach Hispaniola und beteiligte sich an der Eroberung Kubas. Dort amtierte er als eine Art Bürgermeister von Santiago de Cuba, heiratete die Schwägerin des Gouverneurs und betrieb mit seiner Encomienda eine Schweinefarm. Nach der Eroberung von Mexiko und Honduras reiste er zweimal nach Spanien, um seine Privilegien zu sichern. Der Habsburger Karl V. (1516–1556) hatte ihn kurzzeitig zum Gouverneur Neuspaniens ernannt und ihn für seinen militärischen Erfolg mit dem Adelstitel «Marqués del Valle de Oaxaca» geehrt. Zu dieser Markgrafschaft sollten 23 000 Vasallen gehören, um die es aber sogleich zu Streit kam. Nach einem gescheiterten Versuch, Algier von den Osmanen zu erobern, und unzähligen Gerichtsprozessen erkrankte und starb er 1547 in Castilleja de la Cuesta westlich von Sevilla.

Pizarro hingegen zog aus Trujillo, wo er in den 1470er Jahren geboren wurde, zuerst in die italienischen Kriege – vermutlich nur als Knappe. 1502 setzte der Analphabet nach Hispaniola über und verdiente sich als Anführer unter Vasco Núñez de Balboa und Pedrarias Dávila Anerkennung und lukrative Encomiendas in Panama. Zurück in Toledo erwarb er 1529 am spanischen Hof für sich und seinen Juniorpartner Diego de Almagro eine Kapitulation für die Eroberung Perus. Das Besondere daran ist, dass – abgesehen von Kolumbus – Pizarro als Einziger den im Vorfeld nur selten zugesprochenen Feudaltitel anschließend tatsächlich bekam. Begleitet von seinen (Halb-)Brüdern Gonzalo, Hernando und Juan gelang Pizarro mit seinem Konquistadorenzug die Gefangennahme des Inkakönigs Atahualpa. Wie Cortés zeugte er mit (zwei) einheimischen Prinzessinnen (mindestens vier) Kinder, erhielt die versprochenen Markgrafen- und Gouverneurstitel und versuchte mit Hilfe indigener Allianzen seine Herrschaft zu konsolidieren. Im Machtkampf gegen Almagro und dessen Anhänger wurde er allerdings 1541 in Lima getötet.

Die Kunde von den Schätzen der Inka hatte Gonzalo Jiménez de Quesada und seine Leute von den Kanarischen Inseln in die Neue Welt gelockt. Im Hafen von Santa Marta organisierte der 1536 circa 27-jährige Jurist eine Expedition ins Landesinnere des heutigen Kolumbiens. Er sollte die rund 800 Spanier, unzähligen Sklaven und indigenen Verbündeten zur Quelle des Magdalenaflusses führen und eine Verbindung zum Pazifik beziehungsweise nach Peru finden. 1537 hatten es nur 197 der spanischen Teilnehmer ins Hochland geschafft. Dort sagte sich Quesada – ähnlich wie Cortés zuvor in Mexiko – vom Gouverneur los und ließ sich von der Gruppe zum Generalkapitän wählen. Auch er profitierte von den Rivalitäten der indigenen Stämme, hier der Muisca. Die Spanier akkumulierten Gold im Wert von rund 200 000 Pesos und darüber hinaus fast zweitausend Smaragde. Außerdem gründeten sie die Siedlungen Tunja, Vélez und Santa Fé de Bogotá – die heutige Hauptstadt Kolumbiens.

Wie für Generalkapitäne typisch zeigte sich Quesada in mehreren Rollen: Als Kriegsherr befehligte er Raub- und Eroberungszüge (*entradas*); als Diplomat schmiedete und brach er Allianzen; als Mann zeugte er legitimen und illegitimen Nachwuchs; als Verwalter und Repräsentant der Krone versorgte er seine Leute, gründete Siedlungen, schuf Gesetze, teilte Beute, vergab Ämter und führte Buch über seine Leistungen. Letzteres war besonders wichtig, um die Taten und seine Treue dem König gegenüber demonstrieren zu können. Denn von diesem erhofften sich die Generalkapitäne, mit Ehren- und Ämtertiteln, Renten und Encomiendas belohnt zu werden. Quesada war deshalb erbittert, als er den Gouverneurstitel für die eroberten Gebiete nicht erhielt. Noch mit über 60 Jahren organisierte er eine weitere fatale Entrada in Kolumbiens Osten. Hoch verschuldet und an Lepra erkrankt starb er 1579.

Diese Kurzbiografien von drei der erfolgreichsten Generalkapitäne zeigen exemplarisch, welche diversen Etappen ihre Karrieren enthielten: Vorangehende militärische Erfahrungen als gewöhnliche Teilnehmer führten zu Land, Sklaven und der Ernennung zum Generalkapitän. Mit den akkumulierten Mitteln und der königlichen Lizenz – Cortés ausgenommen – kommandierten sie sodann eigene Expeditionen. Für ihre Leistungen ersuchten sie die Krone um Belohnung und Anerkennung als Gouverneure, während sie weitere Eroberungszüge unternahmen. Auf seinen Lorbeeren konnte sich keiner ausruhen. Die gewonnenen Gebiete und Privilegien mussten sogleich wieder gegen Feinde und Konkurrenten – entweder im Kampf oder vor Gericht – verteidigt werden.

Im Vergleich zu den Generalkapitänen bildeten die gewöhnlichen Konquistadoren die viel größere, aber unbekanntere Gruppe. Zwei seltene, viel zitierte Zeugnisse liegen von Bernal Díaz del Castillo und Álvar Núñez Cabeza de Vaca vor. Letzterer irrte nach einem Schiffbruch vor der Küste des heutigen Texas mit zwei anderen überlebenden Spaniern und einem versklavten Mauren neun Jahre durch den Süden Nordamerikas, bis er wieder in von Spaniern besiedeltes Territorium und nach Mexiko-Stadt gelangte. Zurück in Spanien schrieb sich Cabeza de Vaca mit seinem Bericht – bekannt als *Schiffbrüche* (*Naufragios*) – 1538 in die Geschichte ein. Díaz del Castillo hatte Cortés von Anfang an als einfacher Konquistador begleitet und verfasste nach der Eroberung Guatemalas (1524–1529) außer seinen Leistungsberichten die berühmte *Wahrhafte Geschichte der Eroberung von Neuspanien* (ca. 1568 fertiggestellt). Daraus gehen Einzelheiten über Konquistadoren hervor, die ansonsten kaum archivalische Spuren hinterlassen haben. Zumindest sind so von einigen die Namen bekannt, die im Verlaufe der Eroberung Mexikos umkamen. Zum Beispiel sei Alonso Catalan ein «guter Soldat» gewesen, den die Indios in der sogenannten *noche triste* (30. Juni 1520) getötet hätten. Von einem gewissen Escobar schreibt Díaz del Castillo, dass er während der Belagerung Tenochtitlans als Arzt tätig gewesen, später verrückt geworden und eines natürlichen Todes gestorben sei. Hier zeigt sich, dass Díaz del Castillo dem Bild der heroischen Leistungen von Hernán Cortés die Beiträge der übrigen Konquistadoren gegenüberstellen wollte. Nicht nur die unpräzise Bezeichnung Catalans als «Soldat», die rechtskonformes Kriegsverhalten signalisierte, sollte indes davor warnen, den Augenzeugenbericht zu unkritisch zu lesen.

So wortgewandt zu schreiben wie die beiden Chronisten, verstanden allerdings nur die wenigsten Konquistadoren. Immerhin konnten die meisten zumindest ihren Namen signieren (siehe Abb. 2). Informationen über ihr Leben lassen sich unterschiedlich detailliert aus notariellen oder anderen offiziellen Quellen (Verträge, Testamente, Titelvergaben, Gerichtsprozesse etc.) zusammentragen. Außerdem enthalten die Dienst- und Verdienstberichte (*informaciones de méritos y servicios*), die viele in der Hoffnung auf königliche Belohnung erstellen ließen, (wenn auch häufig geschönte) biografische Angaben.

In Einzelfällen tauchen dabei auch Frauen auf. Unter den rund 1500 Spaniern, die der ersten Gruppe von Cortés nach Mexiko folgten, befanden sich 19 Spanierinnen. Aus den späteren Eroberungsbestrebungen in Südamerika sind drei weitere *conquistadoras* bekannt: Isabel de Guevara, die ihren Mann 1534 zur Kolonisierung nach Río de la Plata begleitet hatte, bat in einem Brief an Prinzessin Juana über zwanzig Jahre später um eine Encomienda. Eine solche Belohnung erhielt Inés Suárez, die Geliebte des Anführers Pedro de Valdivia, die 1541 in Chile gekämpft hatte. Den spektakulärsten Fall stellt allerdings Catalina de Erauso dar, die sich in Chile und Bolivien in der ersten Hälfte des 17. Jahrhunderts an diversen Feldzügen gegen die Einheimischen beteiligte. Das Sensationelle an ihr, das in einer

Reihe von Romanen literarisch verarbeitet wurde, ist, dass sie sich lange Zeit als Mann ausgab und die Erwartungen des männlichen Kriegers erfüllte. Diese Ausnahmen zeigen, dass nicht nur fast alle Konquistadoren, sondern auch ihre Stereotypen männlich waren.

Ein typischer Konquistador war zum Beispiel Juan Pérez de Ardón, der aus Écija in Andalusien stammte. 1514 kam er nach Hispaniola, dann Kuba, begleitete 1517 Hernández de Córdobas Expedition an die yukatekische Küste und beteiligte sich danach an den Eroberungen Tenochtitlans, Neuspaniens und schließlich Guatemalas. Dort ernannte ihn der Generalkapitän Pedro de Alvarado bei der Gründung von Santiago de Guatemala zum *regidor* – eine Art Stadtrat –, kurzzeitig amtierte er auch als Gemeindevorsteher und Richter (*alcalde*) von Santiago. Abgesehen von seinem Lohn als Amtmann bezog er aus seinen persönlichen Encomiendas in Guatemala Abgaben in Form von Kakaobohnen, Decken, Salz, Truthühner, Flechtwaren (*petates*), Honig, Piment, Weizen, Mais und Bohnen. Des Weiteren hatte er durch sein Bürgerrecht in Santiago eine Wohn- und Landparzelle bekommen. Im Gegenzug sah die Bürger*pflicht* vor, darauf ein Haus zu bauen, es zu bewohnen sowie Waffen und womöglich Pferde zur Verteidigung bereitzuhalten. Ein Pferd hatte sich Pérez vom Anführer Juan de Salcedo in Mexiko-Stadt gekauft. Ehemänner waren außerdem verpflichtet, nach ihren Frauen zu schicken, und Junggesellen mussten heiraten. Pérez gründete eine Familie und seine Tochter ehelichte später einen spanischen Siedler. Seinen Dienst- und Verdienstbericht erstellte er 1570 kurz vor seinem Tod. Noch 1582 und 1600 versuchten seine Nachfahren für Pérez' Leistungen belohnt zu werden. Aus solchen Biografien ergibt sich ein charakteristisches Muster:

Der typische Konquistador war ein 20- bis 35-jähriger Mann christlichen Glaubens aus dem Südwesten Spaniens. Zuerst schifften sich logischerweise vor allem Andalusier ein, von deren Häfen die Expeditionen starteten – während der gesamten *Conquista* durchschnittlich 30 Prozent. Der 1502 als neuer Gouverneur entsandte Nicolás de Ovando brachte auf den 32 Schiffen viele Männer aus seiner Heimatregion Extremadura mit – insgesamt 20 Prozent. Mit Ausnahme von Basken, Galiciern sowie einzelnen Portugiesen, Genuesen, Deutschen, Flamen und Griechen stammten zudem im Schnitt 25 Prozent aus Alt- und Neukastilien. Der typische Konquistador war kein ausgebildeter Krieger, sondern hatte meist ein Handwerk erlernt oder sich als Diener, Händler oder Seemann betätigt; nur wenige waren Bauern. Er konnte zumindest seinen Namen schreiben und entstammte den mittleren Gesellschaftsschichten. Nach ersten kolonialen Erfahrungen rüstete er sich aus dem Erlös seiner Beute so gut er konnte aus. Danach begab er sich auf weitere Expeditionen, um für die Eroberung eines bevölkerungs- und ressourcenreichen Gebiets belohnt zu werden. Sozialer Aufstieg gelang zumindest insofern, als er Privilegien gegenüber der Lokalbevölkerung genoss und körperliche Arbeiten auf die indigene Bevölkerung abzuwälzen vermochte. Eine kleine Gruppe von Konquistadoren wurde von der Krone persönlich geadelt. Materiellen Reichtum erlangten – abgesehen von den Eroberern von Cajamarca – nur wenige, primär Anführer und Generalkapitäne. Dies war mit ein Grund, weshalb die meisten der Konquistadoren in der Neuen Welt blieben: Mit «leeren Taschen» wollten sie nicht in ihre Heimat zurückkehren.

Die Ausrüstung – Waffen und Kleidung – wurde schon im 16. Jahrhundert gerne idealisiert. Aufgrund der Belohnungslogik versuchten die Teilnehmer, mehr Waffen, Rüstungsteile und Pferde registrieren zu lassen, als sie in Wirklichkeit besaßen. Der Besitz von Waffen und Pferden war adliges Privileg und wies im Umkehrschluss auf adliges Geschlecht hin. Darstellungen der Konquistadoren als mittelalterliche Ritter suggerierten eine Kontinuität des christlichen Kampfes gegen die Muslime (*Reconquista*) und gegen die «ungläubigen Indios» – sofern die Bilder nicht aus schierem Unwissen hervorgingen. Außerdem führte der zunehmende zeitliche Abstand dazu, dass neue Waffen oder Rüstungsteile abgebildet wurden, die zur Zeit der Ereignisse noch gar nicht Verwendung fanden, zum Beispiel der mandelförmige Morionhelm.

Verlässlichere Quellen zeigen, dass jeweils nur eine kleine

Gruppe überdurchschnittlich bewaffnet war. Die zwanzig Armbrust- und Gewehrschützen machten zum Beispiel in Michoacán rund elf Prozent der Konquistadoren aus. Mehr zur Einschüchterung als zum Kampf dienten die Kanonen, da sie an Land schwer zu transportieren waren. Pferde, anfänglich noch rar, waren sehr gefragt und zunehmend präsent: Gerade einmal 16 Pferde führten Cortés und seine rund 600 Mann zu Beginn mit, bis sie durch Nachschub verstärkt wurden. Von den 168 beuteberechtigten Spaniern von Cajamarca kamen 63, also ein gutes Drittel, zu Pferd. Auf der Musterungsliste (*alarde*) der Coronado-Expedition von 1540 in den Südwesten der heutigen USA ließen sich gegenüber 63 Konquistadoren zu Fuß 226 Reiter eintragen, die zusammen 558 Pferde mitzuführen versprachen. Das ist aber die Ausnahme und auf den späteren Zeitpunkt zurückzuführen. Die meisten Konquistadoren – und erst recht die Gefolgsleute und zahlreichen indigenen Verbündeten – marschierten zu Fuß. Ausgerüstet waren sie zumindest mit lokalen Waffen (*armas de la tierra*) oder sie hatten ein Flachschwert, Degen oder Messer, einen Spieß oder eine Hellebarde und seltener einen Rund- oder Herzschild dabei. Statt Ritterhelmen trugen sie Flachhüte, Mützen oder Kettenhelme, nur eine Handvoll besaß komplette Rüstungen. Verbreiteter, aber dennoch nicht die Regel waren Kettenhemden. Wie auf einer der ersten Abbildungen der Konquistadoren Mexikos zu sehen ist (siehe Abb. 1), trugen die Spanier eine Art Leggins, Lederfinken und ein Baumwollkleid mit Gurt. Das Bild des Konquistadors in eiserner Vollmontur und hoch zu Ross muss daher revidiert werden.

Ein weiteres Merkmal des typischen Konquistadoren besteht darin, dass sie nicht an ihrem Ankunftsort blieben. Nachdem sie erste koloniale Erfahrungen gesammelt hatten, schlossen sie sich in der Hoffnung auf eine bessere Situation früher oder später wieder einem Konquistadorenzug an. Die dabei zurückgelegten Routen lassen zwei Eroberungsketten erkennen: Die eine führte von Hispaniola über den Isthmus von Panama nach Südamerika, die andere von Kuba über Mexiko nach Nord- und Zentralamerika sowie in den Pazifik bis zu den Philippinen.

Abb. 1 Vor der Gruppe von Konquistadoren sitzt Cortés im Gespräch mit den Herren von Tlaxcala, angeführt vom *tlatoani* Xicotencatl. Darunter stehen die Übersetzerin Doña Marina und die tlaxcaltekischen Prinzessinnen, allen voran Luisa Tlecuilhuatzin. Unten werden Gold, Jade, Textilien und Frauen als Gaben dargestellt.

Nachkommende Konquistadoren begaben sich häufig als Erstes dorthin, wo sie – aufgrund gemeinsamer Herkunft oder Verwandtschaft – jemanden kannten.

Weil in den Beutegemeinschaften diverse familiale Verbindungen bestanden, zum Beispiel die Pizarro-Halbbrüder in Peru oder die Kontinuität von Vater, Sohn und Enkel der Montejos auf Yukatan, wurde in der Forschung behauptet, dass es sich bei den Konquistadorenzügen um Familienverbünde gehandelt habe (Restall/Fernández-Armesto). Dieser Eindruck entsteht aber nur, weil die familialen Beziehungen unter den hunderten von Teilnehmern stärker ins Auge stechen. Gewiss, Brüder, Cousins usw. ließen sich teils gemeinsam mobilisieren oder folgten einander und verständlicherweise übertrugen etwa Cortés und Pizarro Führungskompetenzen an ihre Verwandten, denen sie aufgrund der Familienbande vertrauten. Dennoch darf dies nicht überbewertet werden. Schließlich gehörten die meisten der Anführer unter Cortés und anderen Generalkapitänen nicht zu deren Familien und viele Expeditionsteilnehmer waren ohne Verwandte gekommen.

Anhand der oben skizzierten Biografien und der Typisierung ist ersichtlich geworden, dass sowohl ein Notar als auch ein Schmied oder ein Kauf- oder ein Seemann Konquistador sein konnte. Umgekehrt hatte dieser oft mehrere Rollen und Ämter. Er trat nicht nur als Eroberer, sondern zudem als Zimmermann, Arzt, Schreiber, Schmelzmeister, Leibwächter, Encomendero, Minen- oder Plantagenbetreiber auf. Dieser Vielfalt zum Trotz hat sich ein Muster abgezeichnet, in dem sich die Konquistadoren glichen. Auch die individuellen Beweggründe für die Teilnahme an der *Conquista*, die sich im Einzelfall unterschieden, lassen sich in der Summe auf das Streben nach materieller Bereicherung und sozialer Statuserhöhung zusammenfassen. So war die Eroberung der Neuen Welt also nicht das Ergebnis eines im Vorfeld geschmiedeten Plans der Krone. Die Initiative kam vielmehr von ihren Untertanen, während die Krone lediglich die Rahmenbedingungen schuf für die Umsetzung des ambitionierten Missionierungsauftrags und Herrschaftszuspruchs durch den Papst. Dazu schloss sie Verträge (*capitulaciones/asientos*) ab, richtete 1503 die *Casa de la contratación* – eine Behörde zur Organisation des kolonialen Austausches von Waren, Menschen und Schiffen im Monopolhafen Sevilla – sowie 1524 den Indienrat (*real y supremo consejo de las Indias*) am umherziehenden Hof ein, und erließ eigene Gesetze für Spanisch-Amerika (*derecho indiano*). Der Vorgang der *Conquista* basierte dabei auf meist vor Ort getroffenen Entscheidungen verschiedener Akteure mit kontingenten Konsequenzen. Dies zeigt sich besonders deutlich im Falle von Cortés und der Eroberung Tenochtitlans.

2. Cortés, die Nahua und die Eroberung Mexikos (1519–1531)

Der Fall von Tenochtitlan hatte weitreichende Folgen sowohl für die Alte als auch die Neue Welt. Er beendete die Vormachtstellung des «Aztekischen Dreibunds» (Tlatelolco-Tenochtitlan, Texcoco und Tlacopan) und stärkte Cortés und seine indigenen Verbündeten. Kurz- bis mittelfristig diente nun Mexiko-Stadt als Drehscheibe für die weiteren Eroberungen Mesoamerikas, des südwestlichen Nordamerikas sowie der Philippinen. Mittel- bis langfristig bildete es eine Brücke zwischen Atlantik und Pazifik, über die sich der von Kolumbus gesuchte Handelsweg zwischen Europa und Asien etablierte. Allerdings wurde zugleich die einheimische Bevölkerung zurückgedrängt, und die Durchmischung (*mestizaje*) mit den Spaniern erzeugte eine neue ethnische Identifikation (Mestizen). In Europa erschütterte die Nachricht über eine Hochkultur, die in der Bibel nicht erwähnt wird, das seit Kolumbus ins Wanken geratene mittelalterliche Weltbild. Der universale Anspruch der christlichen Welt wurde herausgefordert und der Papst gab die «neuen» Völker zur Christianisierung frei, um sie ins Christentum zu integrieren. In seinen Berichten aus Mexiko passte Cortés die Sprache diesem Sachverhalt an. Einerseits machte er damit den Europäern das Vorgehen der Konquistadoren verständlich, und andererseits brachte es ihm Patronage und Privilegien ein. So untermauerte Cortés beispielsweise den christlichen Herrschaftsanspruch, indem er verkündete, Moctezuma habe sich dem spanischen König Karl unterworfen und diesem sein «Aztekenreich» übergeben (*translatio imperii*).

Die Eroberung Mexikos wurde von der ersten Stunde an von den Spaniern stilisiert. Ein kritischer Blick auf ihren Verlauf veranschaulicht nicht nur wichtige Merkmale eines Konquistadorenverbunds und die Gründe für dessen Erfolg. Auch die gerade damit verbundene Mythenbildung lässt sich so aufdecken und nachvollziehen.

«Ich mache Euch reich»: Mobilisierung und Gruppenhierarchie

Auf Kuba pfiff und trommelte der Ausrufer Antonio de Villarroel im Winter 1518/19 vor dem aufgehängten königlichen Banner. Er bewarb in den Hafenstädten die Expedition von Hernán Cortés, die dieser im Auftrag des spanischen Gouverneurs der Insel Diego Velázquez de Cuéllar durchführen sollte. Aus verschiedenen Siedlungen trafen rund 600 Mann ein, um sich für das Unternehmen eintragen zu lassen. Darunter befand sich zum Beispiel der knapp 19-jährige Francisco de Vargas aus Sevilla, der aus einer Familie niederen Adels stammte, also ein Hidalgo war. Er schloss sich Cortés – wie in der *Conquista* üblich – «aus freiem Willen und auf eigene Kosten» an. Aber warum unterstellte sich ein junger Andalusier freiwillig einem frisch ernannten Generalkapitän, schwor ihm seine Loyalität und riskierte sein Leben und Vermögen? Anders gefragt: Wie und wieso ließen sich junge Männer in einer Gruppe organisieren und befehligen, wenn keine Dienstpflicht bestand und der König weit weg war?

Die generelle Antwort liegt in der Bedeutung der Beute. Als Belohnung für ihren Einsatz sicherte Cortés «jedem seinen Anteil» zu und versprach allen, die ihm folgten, künftigen Reichtum. Francisco de Vargas erwartete also keinen fixen Lohn oder Sold, sondern eine erfolgsabhängige Zuteilung von Edelmetallen und Indios, wusste er doch, dass ihm, je mehr er zum Unterfangen beisteuerte, desto mehr am Ende aus dem Ertrag zustand. Dieses ursprünglich aristotelische Prinzip der Verteilungsgerechtigkeit (*iustitia distributiva*) hatte sich auf der Iberischen Halbinsel im Mittelalter verbreitet. Es galt zudem für den König, der seine Untertanen für ihre Dienste und Verdienste belohnen sollte. Auch in der *Conquista* diente unter den Spaniern diese Art der Beuteteilung als Ideal. Vargas durfte folglich auf königliche Gnaden hoffen und konnte sich ungefähr ausrechnen, wie groß sein Beuteanteil proportional zur Gruppe sein müsste. Vor allem war ihm klar: je größer die Gesamtbeute, desto größer die einzelnen Anteile. In dieser Grundkonstellation der Beuteökonomie lag ein expansives Moment, animierte es doch dazu, möglichst viel zu erbeuten.

Zudem spiegelt sich darin die relativ flache Hierarchie eines *Conquista*-Zugs (*compania*, *compaña* oder *gente*): Das Gros bildeten die «Leute zu Fuß» (*gente de a pie*), zu denen Vargas gehörte. Ihnen stand je *ein* Beuteanteil zu. Das Doppelte bis Dreifache durften die «berittenen Leute» (*gente de a caballo*) für sich und ihr Pferd erwarten. Durch den Kauf oder Verlust eines Pferds stieg man in die höhere Beutekategorie auf beziehungsweise in die tiefere ab. Herausragende Leistungen oder das Mitführen besonderer Waffen (Armbrust, Gewehr) berechtigten zu zusätzlicher Belohnung. In der unkritischen Geschichtsschreibung findet man oft die Bezeichnungen «Fußsoldat», «Infanterie», «Kavallerie», «Artillerie» und für die Gesamtheit «Kompanie». Diese sind in doppelter Weise irreführend: Zum einen kamen die Begriffe erst nach den Ereignissen im späten 16. bis frühen 17. Jahrhundert auf – mit Ausnahme von *cavallería* (= Reiterei) und *compañía*. Letzteres bedeutet zuerst einmal einfach «Begleitung» oder Partnerschaft für ein Unternehmen. Zum anderen suggerieren sie eine militärische Professionalität und Disziplin, die die militärisch größtenteils unerfahrenen oder zumindest nicht ausgebildeten Konquistadoren idealisieren sollte. Das Bild einer gut organisierten Truppe versuchte Cortés von Anfang an zu vermitteln und sich selbst stilisierte er dabei als kompetenten General einer durchstrukturierten und offiziellen Armee. Damit signalisierte er dem König ein rechtskonformes Verhalten und seine Eignung als Gouverneur der zu erobernden Gebiete. In Wahrheit musste der Generalkapitän die Loyalität seiner Anführer (*capitanes*) und der Leute (*gente*) immer wieder von Neuem einfordern.

Cortés hatte anfänglich rund 600 Spanier auf elf Anführer und ebenso viele Schiffe verteilt. Das entspricht durchschnittlich 54 Mann pro *capitán*. Bei Pizarro in Peru befehligten zum Vergleich die sieben Anführer je 23 Leute und bei Gonzalo Jiménez in Kolumbien unterstanden den acht Anführern je 75 Spanier. Beim Zwischenhalt auf der Insel Cozumel überprüfte Cortés – dem Chronisten und Konquistador Bernal Díaz zufolge – die Listen der Teilnehmer und ihrer mitgebrachten Pferde und Waffen: Es gab 32 Armbrust- und 13 Gewehrschützen, vier leichte Kanonen (Falkonette) und 16 Pferde. Diese Zahlen verzerren das Bild jedoch in zweierlei Hinsicht. Zum einen verschweigen sie die Dunkelziffer versklavter Schwarzafrikaner und die rund 200 Taíno, die, wie der Chronist Francisco López de Gómara schrieb, die Expedition begleiteten. Zum anderen schlossen sich Cortés bis zur Einnahme Tenochtitlans (1521) ungefähr 1500 weitere Konquistadoren, 19 Spanierinnen und Zehntausende indigene Alliierte an. Die Beute und ihre Verteilung bildeten also die konstitutiven Elemente für die Gruppe der Konquistadoren, die nämlich in der Regel jenem folgten, dem sie die Beutehoheit zusprachen, das heißt jenem, dem sie zutrauten, sie für ihre Dienste belohnen zu können. Um diesen Erwartungen zu entsprechen, wandte Cortés – wie zu sehen sein wird – diverse Tricks an und obendrein hatte er noch Glück.

Am 21. April 1519 erreichten sie bei Chalchiuhcuecan alias San Juan de Ulúa (heute ein Teil von Veracruz) die totonakische Küste. Kurz darauf sagte sich Cortés – angeblich um das fehlende Mandat für eine Siedlungsgründung zu umgehen – von Gouverneur Diego Velázquez los. Auf diese Weise schloss er diesen aus der Beutegemeinschaft aus, sodass für alle ein größerer Anteil blieb. Indem er kastilisches Recht der lokalen Landstände (*cortes*) imitierte, unterstellte er sich zum Wohle der Allgemeinheit (*bien común*) direkt dem spanischen König. Dazu gründeten die Anwesenden ein Stadtregiment (*cabildo*) und – zuerst nur auf Papier – die Siedlung Villa Rica de la Vera Cruz. Sie wählten Cortés zu ihrem Generalkapitän und höchsten Richter. Weiter baten sie Karl I. in einem Schreiben, ihre Wahl zu bestätigen und Cortés die Eroberung und Besiedlung der Gegend sowie die Zuteilung von Encomiendas zu gestatten. Diesem ältesten aus Mesoamerika überlieferten spanischen Dokument wurde die *Petición al cabildo* (siehe Abb. 2) angefügt, worin die Gemeinschaft ihre Unterstützung kundtat. Mit ihrer

Abb. 2 Die stark beschädigte Petition ans Stadtregiment von Vera Cruz ist zusammen mit der *Carta del Cabildo* das älteste europäische Dokument aus Mexiko. In diesem Auszug halten die Unterschriften der Konquistadoren gleichsam deren Ansprüche auf Beute und die Treuebekundung gegenüber Cortés fest. In der drittuntersten Zeile in der Mitte signierte zum Beispiel der später berühmte Chronist Bernal Díaz del Castillo.

Unterschrift markierten Vargas und die anderen Konquistadoren in spe aber nicht nur ihre Loyalität zu Cortés, sondern auch ihre Beteiligung am Eroberungsunterfangen und damit ihren individuellen Dienst an der Krone.

Um die Zustimmung der Krone zu erwirken, schickten sie ihr etliche Kisten Goldschmuck, den sie von Moctezumas Gesandten Tendile und Pitalpitoque bereits an der Küste als Geschenke erhalten hatten, nach Spanien. Diese kontroverse Episode enthält einige Ungereimtheiten, weil die Quellen hochgradig interessengefärbt sind. Aber gerade daran lässt sich zeigen, wie Cortés seine Wahl durch die Allgemeinheit orchestrierte und welche Bedeutung die Berichterstattung an den König für die Legitimität eines jeden Beute- beziehungsweise Eroberungsunternehmens hatte. Die Krone regelmäßig zu informieren, gehörte zu den Pflichten der Generalkapitäne, und die direkte Kommunikation mit dem König war wichtig, um von ihm möglicherweise Privilegien zu erhalten. Wegen Cortés' rebellischen Akts gegen Velázquez war ein demonstrativ rechtskonformes Verhalten besonders notwendig und es bedurfte einer geschickten Selbstvermarktung, um vom König statt für seinen Ungehorsam *bestraft*, für seine Dienste *belohnt* zu werden. Diesem Zweck dienten Cortés' berühmte vier Briefe an Karl I., der 1519 zum Kaiser Karl V. gekrönt wurde. Sie wurden in verschiedenen Sprachen gedruckt und stießen in ganz Europa auf großes Interesse, woraufhin Karl V. ihre Publikation 1527 verbot. Zum einen erfüllten sie die Berichterstattungspflicht und zum anderen vermittelten sie ein (stilisiertes) Bild des beeindruckenden «Reichs» und vor allem seines Eroberers. Cortés stellte in den Briefen seine heldenhaften Dienste dar, was den König in Zugzwang brachte, musste er den treuen Diener doch für dessen Einsatz und Loyalität mit königlichen Gnaden prämieren. So war die direkte Kommunikation mit der Krone in der Distanzherrschaft von zentraler Bedeutung, weil nur auf diese Weise ein Unternehmen legitimiert und nachträglich belohnt oder bestraft werden konnte.

Vor Ort hatte Cortés als Generalkapitän und oberster Richter umfangreiche Befugnisse. Noch an der Küste ließ er zum Beispiel Pedro Escudero und Diego Cermeño hinrichten, nachdem sie versucht hatten, mit einem Schiff zurück nach Kuba zu fliehen. Ihre drei Komplizen erhielten individuelle Strafen: Dem Steuermann Gonzalo de Umbría ließ Cortés die Zehen abhacken, der Seemann Alonso Peñate erhielt 200 Peitschenhiebe und der Geistliche Juan Díaz kam lediglich mit einer Schelte davon. Außerdem konnte der Generalkapitän seine Leute in Ketten legen, einsperren oder unter Hausarrest stellen. Adlige erhielten in der Regel keine Peitschenhiebe, sondern Geldstrafen. Um weiteren potenziell Abtrünnigen wie der Fraktion der Velázquez-Treuen (*velazquistas*) den Rückweg nach Kuba unmöglich zu machen, ließ Cortés die Schiffe versenken. Während eine kleine Gruppe unter Gonzalo de Sandoval die Stellung an der Küste hielt, zogen die Spanier, unterstützt von Totonaken, ab August ins Landesinnere. Nach verschiedenen kriegerischen Auseinandersetzungen mit den Tlaxcalteken verbündeten sie sich im September mit diesen und massakrierten gemeinsam einen Teil der Bewohner von Cholula. Von den umliegenden Vulkanbergen herab beeindruckte der Anblick Tenochtitlans schon aus der Ferne: Die 1325 gegründete Stadt lag auf einer Insel im Texcoco-See im fruchtbaren mexikanischen Hochtal und übertraf mit schätzungsweise 200 000 Einwohnern die meisten europäischen Städte an Größe und Logistik.

Am 8. November 1519 empfing Moctezuma Xocoyotzin (1502–1520) Cortés auf dem südlichen der drei großen Dämme, die Tenochtitlan mit dem Festland verbanden. In der Hoffnung, dass sie bald wieder abziehen würden, quartierte der mexicanische Herrscher die Spanier gastfreundlich im Axayacatl-Palast ein. Cortés jedoch ließ stattdessen Moctezuma als Geisel nehmen, im Haupttempel christliche Bilder aufstellen und – so berichtete Cortés – die Kultfiguren der Mexica zerstören. Diese Symbolik sollte die Machtübernahme durch die Spanier deutlich machen. Dem Semiotiker Tzvetan Todorov zufolge wurde der Herrschaftsanspruch dadurch auch auf der spirituellen Ebene manifestiert. Im folgenden Frühjahr eilte Cortés mit einem Teil seiner Leute und verbündeten Kräften zurück an die Küste, um eine Strafexpedition, die der Gouverneur Kubas gegen ihn entsandt hatte, abzuwehren. Nach Verhandlungen mit dem Anführer, Pánfilo de Narváez, und gegenseitigen Bestechungsversuchen ließ Cortés den Abgesandten des Gouverneurs gefangen nehmen und gewann dessen rund 800 Männer für sich. Zum einen verfügte er über die effizientere militärische Schlagkraft, zum anderen sahen Narváez' Leute die Beutehoheit statt bei ihrem Anführer eher bei Cortés.

Zurück in Tenochtitlan wurden die Spanier von den aufgebrachten Mexica (auch *tenochca* genannt) bedrängt. Während Cortés' Abwesenheit hatte der zurückgelassene Anführer Pedro de Alvarado beim Opferfest Toxcatl die Priester und anwesenden Eliten umbringen lassen. Moctezuma wurde wenige Wochen danach entweder von den Spaniern als wertlos gewordene Geisel oder von den Mexica als Verräter getötet. Die Konquistadoren flüchteten in der Nacht vom 30. Juni 1520 (*noche triste*) aus der Stadt, eine Aktion, bei der zwischen 200 und 900 Spanier, wohl rund zwei Drittel, und über 2000 indigene Alliierte umkamen. Bis zum Beginn der üblichen Kriegssaison (der Trockenzeit Dezember bis April) verstärkten sich die Tlaxcalteken, indem sie den Dreibund mit Huejotzingo und Cholula erneuerten und ein Bündnis mit Caxtilteca eingingen. Auch die Spanier erhielten weiteren Zulauf von über 200 Neuankömmlingen und einer Waffensendung von Cortés' Vater. Gemeinsam zogen sie an den Texcoco-See, wo sie die Anrainerorte terrorisierten, eroberten oder mit ihnen Allianzen schlossen. Ab Ende Mai 1521 belagerten sie Tenochtitlan zu Land und mit 13 zu diesem Zweck gebauten Brigantinen auch zu Wasser. Die Stadt, deren Bevölkerung durch eine Epidemie (vermutlich Pocken) stark geschwächt war, fiel am 13. August 1521.

Das Ereignis war im Hinblick auf die spätere Belohnung durch die Krone von großer Bedeutung. Wer wie Francisco de Vargas vor dem Fall Tenochtitlans ins Land gekommen war und Cortés unterstützt hatte, gehörte zur Kategorie der «primeros conquistadores». Als «Erste Eroberer» von Tenochtitlan/Mexiko-Stadt sind bisher knapp 1100 von schätzungsweise 2100 Personen namentlich identifiziert. Wer später eintraf, konnte sich im Umland als «Erster Eroberer» zum Beispiel von Colima hervortun. Bevor es aber zu einer mittelbaren Belohnung durch die Krone kommen sollte, verteilte Cortés in Coyoacán die *un*mittelbare Beute 1522, wo er sich am südwestlichen Seeufer bis dahin einquartiert hatte. Weil die Spanier bei der Vertreibung aus der Stadt (1520) einen Teil von Moctezumas Goldschatz in der Lagune verloren hatten, blieb allerdings wenig Edelmetall auszuhändigen. Stattdessen teilte Cortés seinen Leuten Land- und Wohnparzellen sowie Encomiendas zur Nutznießung zu. Vargas etwa erhielt einen Teil von Tugalcingo sowie Suchitepec und Amatlan, zwei kleine Encomiendas. Wie sein Beispiel zeigt, wurden die Einheiten der Encomiendas vom Tributsystem des Aztekischen Dreibunds übernommen.

Neben der materiellen Belohnung bestanden soziale Aufstiegschancen – besonders im Hinblick auf die weiteren Eroberungszüge. So ernannte Cortés in Coyoacán zahlreiche neue Anführer, Fähnriche und Amtleute, die er – wie auch die bisherigen *capitanes* – zur Eroberung in die umliegenden Territorien schickte: Cristóbal de Olid etwa zog zuerst in den Westen nach Michoacán und Colima, dann schließlich nach Honduras, wo er wegen Verrats gegen Cortés hingerichtet wurde. Gonzalo de Sandoval leitete die Eroberungen im Südosten (Coatzacoalcos, Oaxaca, Tuxtepec) und Nordosten (Huatusco und Pánuco). Anschließend begleitete er Cortés nach Honduras und 1527 nach Spanien, wo er erkrankte und starb. Alonso de Ávila und Francisco de Montejo sollten 1522 den königlichen Anteil (*quinto real*) der Schätze an den spanischen Hof bringen. Der Großteil davon landete jedoch in den Händen des französischen Korsaren Jean Fleury, und Ávila geriet kurzzeitig in Gefangenschaft.

Montejo sicherte sich am Hof eine Kapitulation zur Eroberung Yukatans, wohin ihn Ávila auf beiden Expeditionen (1527–1529 und 1530–1535) begleitete. Schließlich zog Ávila als Anführer unter Cortés in den mexikanischen Norden, um Neugalicien in Besitz zu nehmen. Nach der Eroberung von Honduras und Guatemala erhielt Pedro de Alvarado ebenfalls eine eigene Kapitulation und die Ernennung zum Adelantado der Krone. Diese (erfolglose) Unternehmung im Pazifik brachte ihn bis nach Peru. Auch Diego de Ordaz bekam eine Kapitulation für die Eroberung der heute kolumbianischen und venezolanischen Küste.

Die Karrierekurve stieg aber nicht kontinuierlich und nicht für alle an. Viele erhielten weniger als erwartet, blieben verschuldet und mussten ihr Glück erneut versuchen. Andere, wie Francisco de Vargas, mobilisierte Cortés, indem er ihnen die Encomiendas wieder wegnahm. Er versprach Vargas «bessere Encomiendas», wenn dieser an den Eroberungen von Jalisco und Colima an der Pazifikküste teilnehme. Daraufhin besorgte sich Vargas ein Pferd und zog als berittener Konquistador zuerst nach Pánuco, dann nach Colima und Motín. In Colima verlor er seine Stute und nach seiner Rückkehr wurden außerdem seine Erwartungen enttäuscht. Er verklagte daher Cortés und erstritt sich in einem Gerichtsprozess in Mexiko-Stadt eine Rente von zuerst 300, später 400 Pesos, die noch sein Sohn Hernando de Vargas erben sollte. Er selbst lebte fortan mit seiner Frau María Tenorio als Bürger von Mexiko-Stadt und amtierte 1536 bis 1543 als königlicher Tributverwalter (*corregidor*) nacheinander von Chiautla, Asuchitlan und Cacualpa. Das Beispiel von Vargas hat erneut gezeigt, dass sich die Leute Cortés anschlossen, weil er die Beutehoheit besaß.

Für die Eroberung des Umlands «Neuspanien» bildeten sich nicht nur neue Konquistadorengemeinschaften. Große Kontingente an Kriegern der Mexica und der vom Aztekischen Dreibund unterworfenen Stadtstaaten (*altepeme*) erweiterten die indigenen Bündnisse der Spanier. Wie kam es aber überhaupt zu diesen Allianzen? Und welche Rolle spielten sie genau?

«Indios amigos»: Die entscheidenden indigenen Allianzen

Die Konquistadoren spielten in ihren Berichten den Beitrag der indigenen Verbündeten von der ersten Stunde an herunter. Ihr Erfolg schien somit allein auf ihre eigenen Dienste zurückzuführen zu sein. Dieses stilisierte Bild wurde in der Historiografie übernommen und hielt sich bis ins späte 20. Jahrhundert hartnäckig – außerhalb der Forschung sogar bis heute. Mit den

Subaltern Studies wurde begonnen, die Handlungsfähigkeit (*Agency*) «untergeordneter» Nicht-Europäer anzuerkennen und so auch die massive indigene Beteiligung an der *Conquista* aufzuarbeiten. Dass die Quellen weitgehend der spanischen Perspektive folgen, erschwert zwar eine ausgewogene Darstellung, nichtsdestotrotz müssen aber, um ein möglichst präzises Bild des Vorgangs und der Konquistadoren zu zeichnen, ihre Allianzen berücksichtigt werden. Das soll hier am Beispiel Mexikos geschehen.

Cortés erfuhr schon am dritten Tag nach Ankunft an der totonakischen Küste durch Moctezumas Emissäre von der Existenz und Macht des Moctezuma Xocoyotzin (auch Moctezuma II.). Dieser herrschte seit 1502 als *huey tlatoani* (wörtlich «großer Sprecher») der Mexica, also der Bewohner Tenochtitlans und ihrer Schwesterstadt Tlatelolco. Seit dem frühen 15. Jahrhundert hatten sich die Mexica mit den Stadtstaaten Texcoco und Tlacopan zur Tripelallianz (*excan tlatoloyan*) vereint und begonnen, den umliegenden Herrschern Tributabgaben aufzuzwingen. Hier von «Aztekenreich» zu sprechen, würde die Realität in doppelter Weise simplifizieren: Erstens handelte es sich um kein wirkliches (Territorial-)Reich oder Imperium mit den verbindenden Strukturen, sondern lediglich um eine Hegemonialmacht. Der Dreibund beschränkte sich auf die Eintreibung von Tributen durch seine hierzu entsandten *calpixque* und mobilisierte ein Kriegsheer, falls sich eine Ortschaft widersetzte. Zweitens verhüllt der erst im 17. Jahrhundert geschaffene Terminus «Azteken» die politische, kulturelle und ethnische Vielfalt der Betroffenen, steht er doch eigentlich nur für die Tripelallianz von Tenochtitlan-Tlaltelolco, Texcoco und Tlacopan, nicht aber für ihre unterworfenen Tributzahler. Diese gehörten neun verschiedenen Ethnien, mehrheitlich jedoch den Nahuatl sprechenden Nahua an. Auch die Mexica waren Nahua, weshalb dieser Begriff passender ist als «Azteken», selbst wenn es nicht allen Subjekten des Dreibunds gerecht wird.

Die Nahua organisierten sich in einem *altepetl*, der sich ähnlich einem Clan aus mehreren Großfamilien (*calpulli* oder *calpolli*) zusammensetzte. Die Gesellschaftsschichten reichten aufsteigend von den Sklaven (*tlacotin*) über eine Art Leibeigene (*mayeque*), die tributpflichtigen gemeinen Leute (*macehualtin*), die Händler (*pochtecas*), die «Adligen» (*pipiltin*) und die Herren, Richter und Räte (*teuctlatoque* und *teteuctin*) bis zum gewählten Herrscher (*tlatoani*). Dadurch, dass ein Mann feindliche Krieger gefangen nahm, konnte er sozial aufsteigen. Obwohl das Kollektiv generell wichtiger war, stellte der Krieg für den Einzelnen also eine Chance auf die Erhöhung seines Status dar. Die Gefangenen durfte er zur Belohnung behalten und versklaven oder in einem Ritual opfern. In sogenannten Blumenkriegen (*xochiyaoyatl*) wurden Gefangene gemacht, die dazu dienten, für die Götter geopfert zu werden. Insofern war die Beutepraxis mit dem Vorgehen der Spanier kompatibel. Beiden lag eine hierarchische Gesellschaft zugrunde, in der ein Individuum durch seine Verdienste im Kampf aufzusteigen vermochte. Für die Herrscher bot Krieg die Möglichkeit, ihre lokale oder regionale Macht zu verteidigen oder auszuweiten. In Mesoamerika unterschied man weniger zwischen sich und den Spaniern als vielmehr zwischen verbündeten und feindlichen Stadtstaaten. So sahen die Nahua die Konquistadoren lediglich als «einen weiteren Player» im regionalen Machtkampf (James Lockhart) – wenn auch mit Tieren und Waffen, die ihnen fremd waren. Demnach fiel es ihnen leicht, mit den Spaniern Bündnisse zu schließen.

Von diesem Mikropatriotismus erfuhr Cortés bereits in Cempoala, also kurz nach seiner Ankunft an der Küste. Der «Dicke Kazike», wie die Spanier den Tlatoani der Totonaken nannten, unterstützte die Neuankömmlinge mit Lebensmitteln und Trägern (*tlamemes/tlamama*). Sein *altepetl* war erst kurz zuvor von Moctezuma unterworfen worden und er hoffte, sich mit Hilfe der Spanier vom Joch der Tribute befreien zu können. Noch feindlicher gegenüber Moctezuma eingestellt war Xicotencatl, der Tlatoani von Tlaxcala (siehe Abb. 1). Sein Stadtstaat bildete eine standhafte autonome Enklave innerhalb des Tributgebiets von Moctezuma, obwohl dieser mehrmals vergeblich versucht hatte, Tlaxcala zu unterwerfen. Die Tlaxcalteken hatten zeitweise einen Konter-Dreibund mit Huejotzingo und Cholula gebildet, der aber wieder zerbrochen war, bevor die Spanier ins

Land kamen. Nach mehreren unentschiedenen Kämpfen gegeneinander handelten Cortés und die Herren von Tlaxcala im September 1519 ein Bündnis gegen den gemeinsamen Feind aus. Späteren tlaxcaltekischen Quellen zufolge versprach Cortés ihnen für ihre Unterstützung Tributfreiheit und weitere Privilegien.

Die indigenen Alliierten übertrafen die Spanier von nun an quantitativ um mindestens das Fünffache, verlässliche Zahlen gibt es nicht. Cortés und Bernal Díaz sprechen von 24 000 bis 40 000 einheimischen Kriegern beim Angriff auf Tenochtitlan. Rechnet man überdies die zahlreichen Träger, Boten, Köche und ähnliche Gehilfen hinzu, erkennt man die Spanier nur noch im einstelligen Prozentbereich eines riesigen Kriegstrosses. Ob die entscheidende Handlungsfähigkeit dabei Cortés oder den Nahua zugesprochen wird, hängt von der Ideologie des Erzählers ab. Dass der Hintergrund dennoch komplex ist, zeigt sich am Beispiel des Massakers von Cholula, das die Spanier und die Tlaxcalteken kurz nach ihrem Bündnisschluss anrichteten. Einerseits kann es als ein von Cortés geleiteter Eroberungsakt interpretiert werden, dann spricht man den Tlaxcalteken ihren aktiveren Anteil ab und degradiert sie zum Juniorpartner. Andererseits kann man es als einen geplanten Racheakt der Tlaxcalteken an ihren abtrünnigen ehemaligen Verbündeten sehen, für den sie die Konquistadoren instrumentalisierten. In diesem Fall anerkennt man zwar die Handlungsfähigkeit der Indigenen, schiebt ihnen aber zugleich die Verantwortung für das Blutbad zu. Andere Einzelfälle lassen sich je nach Quellenlage deutlicher einordnen. Generell darf man annehmen, dass die Interessen und das Verhandlungsgeschick beider Parteien hineinspielten.

Einen gewissen Vorteil hatten die Spanier dank Jerónimo de Aguilar und der Doña Marina getauften Malinali – auch Malintzin oder Malinche genannt (siehe Abb. 1). Die junge Frau wurde Cortés während eines Zwischenhalts bei Tabasco vom Herrn der Maya-Chontales zusammen mit 19 weiteren Frauen als (Sex-)Sklavin geschenkt. Zuvor hatte sich der vermisste Jerónimo de Aguilar auf der Insel Cozumel den Spaniern angeschlossen. Nach einem Schiffbruch hatte er acht Jahre unter den

Maya gelebt und ihre Sprache gelernt. Er übersetzte für Cortés vom Spanischen in die Maya-Sprache. Weil Malinali außer Maya auch Nahuatl beherrschte, konnte Cortés über Aguilar und sie in einer Art Dolmetscherkette auch mit den Nahua-Herren kommunizieren. Malinali beriet ihn zudem als *kulturelle* Übersetzerin, was diesem in Bezug auf die Kriegsbräuche, Denk- und Verhaltensweisen seiner Gegner und Verbündeten einen wichtigen Wissensvorsprung bescherte.

Moctezuma sammelte zwar seit ihrer Ankunft so viele Informationen über die Spanier wie möglich. So wusste er etwa, dass diese bärtigen Männer weder Götter, unsterblich, noch mit ihren Pferden verwachsen waren. Ihre Hinterhältigkeit allerdings unterschätzte er. Mit offensichtlich zu viel Selbstvertrauen hofierte er die Spanier. Diesen imponierten zwar seine Macht und die hoch entwickelten Errungenschaften (Bunt- und Edelmetallschmelzung, Kanalisation, Nutzpflanzen, Schrift), umso gewillter waren sie indes, die Stadt einzunehmen. Der erste Versuch mit Moctezuma als Geisel endete nach einem halben Jahr mit der Flucht nachts aus der Stadt. Im zweiten Anlauf schließlich, mit erhöhtem tlaxcaltekischen Einsatz, neuen Allianzen und einem unbewussten Vorteil, gelang die Eroberung.

Die Krankheitserreger, die die Spanier nach Mesoamerika brachten, entpuppten sich als unkontrollierbare tödliche Waffe. Mit der Expedition von Juan de Grijalva (1518) oder durch Cortés' Männer, aber nicht erst – wie lange geglaubt – durch einen Schwarzafrikaner der Narváez-Flotte wurden Pocken-, Masern-, Mumps- und Influenzakeime eingeschleppt. In drei Epidemien (*cocolitzli*) wurde die mesoamerikanische Bevölkerung im Verlauf des 16. Jahrhunderts drastisch dezimiert. Die erste, der auch Moctezumas Nachfolger und Bruder Cuitlahuac nach wenigen Monaten im Amt zum Opfer fiel, grassierte 1520 besonders in der dicht bevölkerten Stadt Tenochtitlan. Inwiefern die Reihen der alliierten Krieger durch die fremden Keime gelichtet wurden, ist unklar. Insgesamt dürfte diese Epidemie die Bewohner von Tenochtitlan entscheidend geschwächt haben und die Einnahme der Stadt durch das spanisch-indigene Bündnis 1521 erleichtert haben.

An der anschließenden Expansion in die umliegenden Gebiete beteiligten sich nun große Kriegerkontingente des besiegten Dreibunds. Dessen Herren ließ Cortés schließlich 1525 während der Eroberung Guatemalas – angeblich wegen einer geplanten Rebellion – hinrichten. Das zeigt zum einen, dass Cortés die Kräfteverhältnisse innerhalb der indigenen Fraktionen zu seinem Vorteil zu nutzen wusste, brachte er die Bündnispartner doch mehrfach um die in den Allianzverhandlungen gemachten Versprechen wie etwa Tributfreiheit. Zum anderen verdeutlicht es, dass die Nahua die Spanier auch bei Eroberungen außerhalb ihres Sprachraums begleiteten. Das am Südufer des Texcoco-Sees gelegene Xochimilco beantragte zum Beispiel 1563 bei der Krone Tributbefreiung mit der Begründung, die Spanier nie bekriegt und ihrem Encomendero Jorge de Alvarado 2500 Krieger und Träger sowie Proviant für die Eroberung von Honduras und Guatemala gestellt zu haben. Dort wie auch beispielsweise in Oaxaca oder Yukatan halfen die indigenen Verbündeten, die Gebiete nicht nur zu unterwerfen, sondern sogar zu besiedeln. Konquistadoren wie Jorge de Alvarado schöpften aus ihren Encomiendas also die personalen und materiellen Ressourcen für weitere Expeditionen. Die *Conquista* führte somit auch zu inneramerikanischer Migration.

Die einheimischen Frauen mussten bei den jeweiligen Bündnissen als Bindeglieder herhalten. Ähnlich der «Verschwägerung» in europäischen Dynastien verheirateten die mesoamerikanischen Eliten ihre Töchter mit den alliierten Herrschern. Mit den Spaniern wurde diese Tradition fortgesetzt, wobei die Paarungen außer in Ausnahmefällen stets über einen spanischen Mann und eine indigene adlige Frau entstanden. Zum Beispiel heiratete die tlaxcaltekische Prinzessin Doña Luisa Tlecuilhuatzin (siehe Abb. 1) den Anführer Pedro de Alvarado und ihre Schwester Doña Lucía Ixotencatl seinen Bruder Jorge de Alvarado. Drei der vier Töchter Moctezumas ehelichten Konquistadoren, die älteste, Doña Isabel Moctezuma Tecuichpo, wurde insgesamt sogar sechsmal weitergereicht: Von Moctezumas Cousin Atlixcatl ging sie 1520 an Moctezumas Nachfolger und Bruder Cuitlahuac, der im gleichen Jahr starb. Der zweite

Cousin Cuauhtemoc übernahm daraufhin sowohl die Macht als auch Isabel. Nach dessen Tod gebar sie Cortés einen Sohn. Schließlich verheiratete sie der Generalkapitän der Reihe nach mit Alonso de Grado, Pedro Gallego und Juan Cano, die sie bis auf Cano überlebte. Die Kinder aus solchen Ehen verstärkten die Blutsbande, woraus eine neue «Generation geschaffen» (*engendrar* beziehungsweise *hacer generación*) und die Allianz gefestigt werden sollte. Das trotz kirchlichen Verbots tolerierte Konkubinat mit indigenen Frauen war allerdings weit verbreiteter als die Ehe, weil die Konquistadoren generell Spanierinnen bevorzugten. Eine Ausnahme bildeten Ehen mit einheimischen Prinzessinnen, da diese in der Regel lukrative Encomiendas mitbrachten.

Rekapitulierend kann festgestellt werden, dass die Konquistadoren ohne die indigenen Verbündeten mehrheitlich gescheitert wären. Der kleinteilige politische Flickenteppich und die vorspanische Tradition, Allianzen zu schließen, erleichterten ihr Unterfangen. Hinzu kam, dass man im Aztekischen Dreibund einen gemeinsamen Feind sah und sich die Ziele vereinen ließen. In der Bündnispolitik spielten zudem Frauen eine zentrale Rolle. Im Folgenden sollen die weiteren Faktoren untersucht werden, die das alltägliche (Zusammen-)Leben unter den außergewöhnlichen Umständen der *Conquista* bestimmten.

«Viel Arbeit, Mühsal und in Lebensgefahr»: *Conquista*-Alltag und Disziplin

Trotz einheimischer Hilfe erlebten die Konquistadoren viele Extremsituationen. Im umkämpften Grenzgebiet war die Krone außerdem nur sehr beschränkt präsent. Die Amtleute stammten oft selbst aus den Reihen der Konquistadoren und verfolgten ihre eigenen Interessen. Daher hing die Autorität der Krone – wie im Falle des Generalkapitäns oder der Anführer – stark von der Unterstützung in der Gruppe ab. Wie ließen sich die Konquistadoren also disziplinieren? Sie schlossen sich ja aus freiem Willen einem Anführer an, waren bewaffnet und hatten teilweise ihre eigenen Gefolgsleute. War in solch einem Umfeld ein geordnetes Zusammenleben überhaupt möglich? Bevor diese Fragen für die Eroberung Mexikos geklärt werden, sind die Unannehmlichkeiten zu skizzieren, denen die Konquistadoren ausgesetzt waren. Daraus soll sich kein heroisierendes, sondern ein schärferes Bild ihres Lebens ergeben und sich die Gründe für die Dynamiken der *Conquista* besser nachvollziehen lassen.

Um während einer Expedition zu überleben, stellte sich früher oder später die existenzielle Frage der Nahrungsmittelbeschaffung. Cortés legte noch auf Kuba in mehreren Häfen an und kaufte von Händlern und Encomenderos außer Tauschwaren, Werkzeugen und Kleidern auch Öl, Wein, Essig und vor allem so viel Brot – *cazabe* aus Maniokmehl – und Schweine wie möglich. Für die transatlantischen Seereisen waren das lange haltbare Pökelfleisch und Zwieback besonders geeignet. Die Süßwasserreserven mussten die Konquistadoren nach Bedarf aus Flüssen, Seen oder Regen auffüllen. An Land steuerten sie nicht zuletzt aus Versorgungsgründen bewohnte Orte an. Schon kurz nach Ankunft an der totonakischen Küste offerierten Moctezumas Gesandte Cortés und seinen Leuten Essen und Trinken. Auf dem Weg nach Tenochtitlan wurden sie von ihren Verbündeten oder der lokalen Bevölkerung verpflegt, ob aus Gastfreundschaft, über Tausch oder unter Zwang. In Zeugenaussagen zu den Eroberungsleistungen von Francisco de Montejo, der nach der Eroberung Tenochtitlans als Generalkapitän die Eroberung Yukatans in Angriff nahm, beschreiben seine Männer Razzien zur Lebensmittelbeschaffung: Von einer Siedlung namens Villa de la Victoria aus überfielen sie in Kanus mit 25 bis 30 Mann die Dörfer der Einheimischen flussaufwärts, um Mais zu plündern. Das hätten sie getan, wann immer ihnen die Bewohner keinen Tribut gegeben hätten und ihnen das Essen ausgegangen sei. Hunger war also ein – erst wenig untersuchter – Motor der *Conquista*.

Nachtlager und Behausungen scheinen im Falle von Cortés und seiner Expedition weniger ein Problem gewesen zu sein als in den feuchttropischen Gebieten. Zwar froren sie besonders nachts, als sie zwischen den beiden Vulkanen Popocatépetl und Ixtaccíhuatl die Bergkette überquerten. Ansonsten kamen sie jedoch oft in den lokalen Siedlungen unter oder errichteten ohne außergewöhnliche Strapazen ihre Feldlager. Wachen wurden aufgestellt und zudem warnten ihre Hunde sie vor etwaigen Eindringlingen. Die Wachschichten gehörten zum Dienst an der Gemeinschaft. Wer sie nicht leistete, verlor den Anspruch auf seinen Teil der Beute. Tagsüber wiesen ortskundige Totonaken, später Tlaxcalteken, den Weg durchs Land nach Tenochtitlan. Überdies schickte Cortés tlaxcaltekische Späher und ein paar Reiter voraus, um in keine Hinterhalte zu geraten. Eine weitere Splittergruppe bildete die Nachhut, während dazwischen das Gros der Konquistadoren und ihre Begleiter lose marschierten.

Körper und Verstand galt es, in möglichst guter Verfassung zu halten, um die Strapazen der Märsche und Kämpfe zu überleben. In den tropischen Gebieten erlagen etliche Spanier den entsprechenden Krankheiten. Die aus Europa eingeschleppten Krankheiten forderten auch unter ihnen Todesopfer, weit mehr jedoch unter der indigenen Bevölkerung. Die Todesursachen der Konquistadoren sind nicht immer verlässlich überliefert. Was die Eroberung Mexikos angeht, starben von den bekannten Fällen rund zwei Drittel eines natürlichen Todes. Rund 5 Prozent erlagen frühzeitig einer Krankheit, Einzelne wurden Opfer eines Unfalls, 2,4 Prozent ließen die Anführer als Strafe hinrichten und knapp 30 Prozent fielen im Kampf. Für die Überlebenden der Einnahme Tenochtitlans ergab sich eine Lebenserwartung von durchschnittlich 56 Jahren. Ein paar wurden sogar über 85 Jahre alt, viele mussten indes mit (Kriegs-)Verletzungen und Beeinträchtigungen wie Verstümmelungen, Blindheit oder dem Verlust eines Auges leben.

Für die Behandlung von Kranken und Verwundeten erhielten die Konquistadoren, die als Ärzte oder «Apotheker» tätig waren, zusätzliche Beuteanteile von der Gemeinschaft. Da die Einheimischen lokale Heilmittel für typische Kampfverletzungen und Giftpfeile kannten, pflegten auch sie häufig die verwundeten Konquistadoren, wie es etwa die Tlaxcalteken nach der Flucht der Spanier aus Tenochtitlan 1520 taten. Nach solch niederschmetternden Erfahrungen sprachen außerdem die Geistlichen den Überlebenden Mut zu, in diesem Fall Fray Bartolomé de Olmedo und Juan Díaz. In den von den Konquistadoren erbauten oder gestifteten Kirchen, Klöstern und Hospitälern wurden darüber hinaus auch Alte, Kranke und Invaliden umsorgt und gepflegt.

In den Extremsituationen – seien es Hunger, Stress oder Todesangst – vertieften viele Spanier ihre Religiosität, während andere psychische Schäden davontrugen. Das berühmteste Beispiel hierfür ist Lope de Aguirre, der in Werner Herzogs fiktiver Verfilmung *Aguirre, der Zorn Gottes* (1972) von Klaus Kinski meisterhaft gespielt wird. Auf Pedro de Ursúas Amazonas-Expedition (1559–1561) tötete Aguirre zuerst Ursúa und danach im paranoiden Wahn Dutzende seiner Gefolgsleute und sogar die eigene Tochter. In diversen Schmähbriefen an Philipp II. beleidigte er den König und bekannte sich offen als Rebell. Schließlich wurde er im heutigen Venezuela getötet, geköpft und gevierteilt und sein Haupt zur Abschreckung aufgespießt ausgestellt.

Die Disziplin unter den Konquistadoren mussten die Anführer mit verschiedenen Mitteln durchsetzen, von denen vor allem die Beutehoheit am effizientesten funktionierte; diese stand in Friedenszeiten jedoch auf der Kippe. Nachdem in Mexiko-Stadt die Wohn- und Landparzellen sowie Tributdistrikte (*encomiendas*) verteilt und viele neu ernannte Anführer mit der Eroberung umliegender Stadtstaaten beschäftigt waren, gingen Cortés die Belohnungsressourcen aus. Weil er fürchtete, seine Autorität zu verlieren, empfahl er 1524 allen Konquistadoren, die sich bis dahin erst ungenügend belohnt fühlten – und das waren viele –, sich mit ihren Forderungen an die spanische Krone zu wenden. Der König solle sie für ihre Taten und Treue belohnen. Daraufhin ließen zahlreiche Konquistadoren und deren Nachfahren Berichte über ihre Verdienste und Dienste (*informaciones de méritos y servicios*) verfassen, in denen sie der Krone berichteten, dass sie «viel Arbeit und Mühsal durchgemacht» und oft ihr «Leben für den König riskiert» hätten. Auf die Folgen dieser Verschiebung der Beutehoheit hin zur Krone wird im nächsten Kapitel eingegangen. Hier werden zuerst die weiteren Faktoren vorgestellt, die das Zusammenleben während der Eroberung

Neuspaniens und besonders in den ersten Jahren nach dem Fall Tenochtitlans ordneten.

Während Cortés eine Strafexpedition gegen seinen rebellierenden Anführer Cristóbal Olid nach Honduras (1524–1526) leitete, herrschte während seiner Abwesenheit in Mexiko-Stadt das Chaos. Die von ihm als stellvertretende Regierung eingesetzten drei Amtleute überwarfen sich nach kurzer Zeit, und alle sannen darauf, sich nach Möglichkeit zu bereichern. Aufgrund vieler Beschwerden am spanischen Hof entsandte die Krone einen Richter, der für sie die Kontrolle übernehmen sollte. Cortés musste deshalb nach seiner Rückkehr aus Honduras nach wenigen Tagen die Regierungsgewalt an den Richter abtreten und sich der üblichen Amtsführungsprüfung (*juicio de residencia*) stellen. Da die Amtleute der Eroberungsexpeditionen meist aus den Reihen der Konquistadoren stammten, hatten sie sich am Ende ihrer Amtszeit einer Evaluation zu unterziehen und für etwaiges Fehlverhalten Rechenschaft abzulegen. Die Krone versuchte mit Hilfe von solchen Untersuchungen, die Konquistadoren/Amtleute zu disziplinieren und zu kontrollieren. Allgemein bot der juristische Weg ein Mittel, um die Macht der Konquistadoren einzudämmen oder ihnen diese – wie schon bei Kolumbus – abzusprechen, indem man die Rivalen in langwierige Gerichtsprozesse verzettelte. Weil die Verfahren auf Zeugenaussagen basierten, war es wichtig, ein breites soziales Netz und einen guten Ruf zu haben. Das außergewöhnlich umfangreiche *juicio de residencia* von Cortés begann verzögert 1529 und fand bis zu seinem Tod 18 Jahre später keinen Abschluss. Darin nahmen über 50 Zeugen zu insgesamt 475 Fragen über sein (Fehl-)Verhalten als Gouverneur und Generalkapitän Neuspaniens Stellung.

Cortés wurde von seinen Gegnern folgender Verfehlungen bezichtigt: des Glücksspiels (trotz des Verbots in Kriegszeiten waren Karten- und Würfelspiele sehr verbreitet), der Gotteslästerung, der Veruntreuung königlicher Steuern, des Mordes an seiner ersten Frau sowie des außerehelichen Geschlechtsverkehrs. Der letzte Vorwurf stimmte zweifellos und gehörte überdies zu den gängigen Beschuldigungen vor Gericht. Dass sich

Konquistadoren indigene Frauen als Konkubinen oder Sexsklavinnen hielten oder sie Frauen bei Gelegenheit sogar vergewaltigten, war ein verbreitetes Phänomen. Cortés beispielsweise zeugte mit seiner Übersetzerin Malinali den Mestizen Martín. Danach gab er sie zuerst Andrés de Duero und verheiratete sie 1524 mit Juan Jaramillo. Cortés und Pizarro baten beide nachträglich den Papst, einzelne ihrer außerehelichen Kinder zu legitimieren – mit Erfolg. Das Konkubinat wurde generell eher toleriert als die Polygamie. Jemanden der Blasphemie zu beschuldigen, war gleichermaßen eine häufig genutzte Möglichkeit, um eine Person nicht nur in Misskredit bei der Krone zu bringen, sondern überdies in Konflikt mit dem ab 1526 in Neuspanien tätigen Inquisitor.

Die Kirche war neben den Konquistadoren und der Krone ein zusätzlicher europäischer Akteur, der das Leben während der *Conquista* beeinflusste. Ihre Missionstätigkeiten werden im vierten Kapitel vertieft, hier soll lediglich die Rolle der Geistlichen als Disziplinierungsinstanz betont werden. Vor allem die massive Gewalt, welche die indigene Bevölkerung erfuhr, versuchten die Geistlichen einzudämmen. Ab 1528 setzte sich der erste Bischof von Mexiko-Stadt Juan de Zumárraga als «Beschützer der Indios» für diese ein. Während sich die lokale Oberschicht mit den Konquistadoren zu arrangieren wusste, litten die gemeinen indigenen Bewohner unter der spanischen Ausbeutung. Die Konquistadoren betrachteten die ihnen «anvertrauten Indios» als Teil ihrer Kriegsbeute. Entsprechend profitorientiert versuchten sie aus deren Arbeitskraft in Minen und in der Landwirtschaft Kapital zu schlagen. Nach Protesten gegen die hohen Tributforderungen und die schlechte Behandlung verabschiedete die Krone 1542/43 die Neuen Gesetze (*Leyes Nuevas*), die eine schrittweise Abschaffung des Encomienda-Systems vorsahen. Die Encomenderos bildeten aber eine einflussreiche Gruppe, sie hatten Ämter inne und vertraten die Interessen der Krone vor Ort. So setzte der in Mexiko-Stadt residierende Vizekönig Antonio de Mendoza die Gesetze im 1535 gegründeten Vizekönigreich Neuspanien nicht um. In Peru führte die geplante Umsetzung zu einem blutigen Bürgerkrieg, wie im nächsten Kapitel zu sehen sein wird. Wer wie die Encomenderos sein Auskommen aus den eroberten Gebieten bezog, der war auch bereit, diese Territorien für die Krone (und für sich) zu verteidigen. Insofern war die Krone auf die Kooperationsbereitschaft der Konquistadoren/Encomenderos angewiesen. Und deren Überlebenschancen in der Neuen Welt hingen wiederum in entscheidendem Ausmaß von der Hilfsbereitschaft der indigenen Eliten ab.

Wenn die Organisation als Gruppe, die Rolle der indigenen Allianzen und der Alltag in der *Conquista* berücksichtigt werden, ergibt sich insgesamt eine neue Darstellung, nach der nicht mehr nur eine Handvoll Spanier das übermächtige Aztekenreich bezwang. Das von den Konquistadoren geschönte Bild ließ ihre Taten als heldenhafter und verdienstvoller erscheinen. Eine solche Erzählstrategie wandten auch die Konquistadoren von Peru an, wo die Dynamiken der *Conquista* und der Übergang zur Kolonialherrschaft besonders deutlich werden.

3. Pizarro und die Eroberung des Inkareichs (1531–1572)

Noch extremer als im Fall Mexikos wurde die Eroberung Perus lange als Coup einer kleinen Gruppe von 168 Spaniern gegen eine massive Übermacht von 40 000 bis 80 000 Inka dargestellt. Der Erfolg der Konquistadoren schien angesichts der quantitativen Unterlegenheit höchst unwahrscheinlich und wurde durch qualitative Faktoren europäischer Superiorität erklärt, etwa durch Waffentechnologie, Pferde, Militärtaktik, Glaube, Kampfmoral, Schriftfertigkeit und Gene. Damit wird das aus spanischer Sicht spektakulärste Ereignis der Eroberung des Inkareichs in den Blick genommen, sein Kontext jedoch ausgeblendet. Schon seit den 1970er Jahren ist nämlich bekannt, dass – ähnlich wie im Falle von Moctezumas Nachfolger Cuitlahuac in Tenochtitlan – eine Pockenepidemie die Inkabevölkerung samt ihrem Herrscher Huayna Cápac (1493–1525) noch vor Ankunft der Spanier dezimiert hatte. Cápacs Söhne Huáscar (1525–1532) und Atahualpa (1532–1533) hatten in einem Bürgerkrieg um die Thronfolge das Inkareich, das auf Quechua Tawantinsuyu (= die vier Teile) hieß, zusätzlich destabilisiert. Von dem Konflikt profitierten die Konquistadoren, wie schon Cortés in Mesoamerika, entscheidend. Darüber hinaus erhielten Pizarro und seine Männer vor und nach der Konfrontation mit den Inka in Cajamarca spanisch-indigene Verstärkung aus Panama und Nicaragua. Insofern hat die neuere Forschung das überzeichnete Bild eines spanischen Davids im Kampf gegen den Inka-Goliath etwas relativiert.

Gleichwohl war die Eroberung von Tawantinsuyu von zentraler Bedeutung für die *Conquista*. Als eines der zu dieser Zeit größten Reiche der Welt erstreckte es sich über eine Länge von 4000 Kilometern von Kolumbien bis Chile und beheimatete schätzungsweise 10 bis 15 Millionen Menschen. Ohne die geostrategische Bedeutung im Vorfeld akkurat einordnen zu können, erlaubte die Unterwerfung des Inkareichs den Spaniern, über weite Teile der Andenregion zu herrschen. Insbesondere gewährte sie ihnen Zugang zu den immensen Bodenschätzen Südamerikas. Nicht zuletzt mit dem Silber aus Potosí im heutigen Bolivien wurden die Kriege in Europa und der Handel mit Asien finanziert. Es lohnt sich also ein Blick auf das folgenreiche Aufeinandertreffen in Cajamarca sowie auf die Dynamiken, die es auslöste. Abschließend soll geklärt werden, wie aus den schlecht organisierten, unterfinanzierten und spontanen Eroberungsunternehmen ein 300 Jahre währendes Kolonialreich hervorgehen konnte. Dabei muss hinterfragt werden, wie flächendeckend und funktional diese Herrschaft war.

Atahualpas Gefangennahme: Kulturkollision in Peru

Francisco Pizarro gehörte als Stadtrat und Besitzer einer der größten Encomiendas zu den prominentesten Bürgern der 1519 gegründeten Stadt Panama und betrieb in der Gegend zusammen mit Diego de Almagro und dem Priester Hernando de Luque sehr lukrative Minen. 1522 kehrte Pascual de Andagoya, dessen Eroberungszug in Kolumbien gescheitert war, zurück und berichtete von einem angeblichen Goldland namens Pirú weiter südlich. Nach zwei erfolglosen Expeditionen entlang der kolumbianischen (1524), ecuadorianischen und nordperuanischen Pazifikküste (1526–1528) holte sich Pizarro am spanischen Hof (1528–1530) die Erlaubnis zur Eroberung Perus. Zugleich mobilisierte er seine drei (Halb-)Brüder Hernando, Juan und Gonzalo sowie viele andere Männer aus seiner Heimatregion Extremadura, an dem Unternehmen teilzunehmen. Währenddessen rüstete sein Juniorpartner Almagro drei Schiffe aus und warb ebenfalls Männer in Panama und Nicaragua an. Um die Restfinanzierung des Unterfangens kümmerte sich der Priester Luque. Diese wurde größtenteils von dem königlichen Richter Gaspar de Espinosa übernommen, der aus einer sehr einflussreichen Bankiersfamilie stammte und zu den reichsten Minenbetreibern am Isthmus gehörte.

Am 20. Januar 1531 legte Pizarro von Panama aus ab, während Almagro zurückblieb, um den Nachschub vorzubereiten. An der ecuadorianischen Küste gingen die rund 180 Spanier mit mindestens zwei Indios – den Übersetzern Felipillo und Martinillo – sowie 36 Pferden an Land. In der verlassenen Siedlung Coaque erbeuteten sie circa 15 000 Pesos Gold und halb so viel Silber. Pizarro schickte einen Teil des bereits vielversprechenden Ertrags nach Panama, um mehr Männer anzulocken. Während die *compañeros* auf dem Weg nach Cajamarca waren, stießen immer mehr Männer dazu, sodass sich ihre Anzahl fast verdoppelte und die der Pferde um weitere 50 stieg. Allerdings mussten sie auch Verluste hinnehmen, einige Teilnehmer erkrankten und starben. Im Oktober 1531 begannen sie die Küste entlang nach Süden zu ziehen und erreichten nach gut 600 Kilometern die Bucht von Guayaquil. Dort schlossen sie auf der Insel Puná nach kurzen Scharmützeln erste Bündnisse mit den lokalen Herren (*curaca*), während Hernando de Soto, der mit rund 100 Mann und 25 Pferden aus Nicaragua kam, den Konquistadorenzug verstärkte. In Poechos, im Nordwesten des heutigen Perus, erzählten die *curacas* den Spaniern – teilweise unter Folter – von der Inka-Hauptstadt Cuzco und dem Bruderkampf zwischen Huáscar und Atahualpa. Umgekehrt informierte sich Atahualpa ebenfalls über die «hellhäutigen und bärtigen Männer», zwei Attribute, mit denen der andine Schöpfergott Viracucha beschrieben wurde. Dass die Spanier deswegen für Götter gehalten worden seien, ist aber wohl eine nachträgliche Erfindung. Pedro Cieza de León, der erst 1547 nach Peru kam, war der Erste, der dies schriftlich festhielt (*Crónicas del Perú*, 1553). Im Folgenden schickte Atahualpa einen Botschafter namens Ciquinchara nach Poechos, der nach seiner Rückkehr berichtet haben soll, dass nur der Pferdebändiger, der Schwertschmied und der Barbier, der über Verjüngungskünste verfüge, den Inka wertvolle Dienste erweisen könnten. Ciquinchara und Pizarro tauschten Gaben aus und bekundeten gegenseitig, an einem friedlichen Treffen auf höchster Ebene interessiert zu sein. Im Mai 1532 setzten Pizarro und seine Männer ihren Marsch Richtung Süden fort. Unterwegs gründeten sie die Siedlung San Miguel de Tangarará, wo Pizarro den zurückbleibenden 46 Bürgern Encomiendas zuteilte. Für den Aufstieg in die Anden wurden den Spaniern von Atahualpa Lamas und Essen geschickt. Nach sechseinhalb Monaten, einer Luftliniendistanz von weiteren 700 Kilometern und fast 3000 Metern Höhendifferenz trafen sie in Cajamarca ein.

Atahualpa hatte kurz zuvor seinen Rivalen Huáscar gefangen genommen und war daran, seine Macht im Inkareich zu konsolidieren. Im Feldlager, das sein Heer und Gefolge von schätzungsweise 40000 bis 80000 Inka außerhalb von Cajamarca aufgeschlagen hatte, willigte er ein, am nächsten Tag die Spanier zu treffen. Diese brachten sich frühmorgens in der leeren Stadt in den Gebäuden um den Hauptplatz herum versteckt in Stellung. Von mehreren Augen- und Zeitzeugen wurde der Verlauf dieses folgenreichen 16. November 1532 geschildert. Francisco de Xerez, Pizarros anwesender Sekretär, veröffentlichte den frühesten Bericht (*Verdadera relación de la conquista del Perú …*) bereits 1534 in Sevilla. Aus der Chronik von Pedro Pizarro (*Relación del descubrimiento y conquista de los reinos del Perú*, 1571 fertiggestellt), der in San Miguel zurückgeblieben war, stammt eine gern zitierte Anekdote: Sie beschreibt, wie einige der Spanier, während sie im Hinterhalt warteten, sich vor Angst in die Hosen machten. Dieses intime Zitat enthält vordergründig eine Peinlichkeit, stützt aber zugleich das Heldennarrativ, demzufolge die Konquistadoren aus einer anscheinend ausweglosen Situation kämpften. So muss man diese Zeugnisse in ihren Entstehungskontext setzen und mit jenen vergleichen, die – wie etwa Juan Díez de Betanzos oder Titu Cusi Yupanqui – auch die Perspektive der Inka berücksichtigen. Folgender Verlauf lässt sich zusammenfassen: Atahualpas Tross begann sich am Nachmittag vom Hügel herab vor die Stadt zu bewegen, wo erneute Botengänge notwendig waren, um den Inkaherrscher zum Einzug in die Stadt zu überreden. Auf einer Sänfte getragen, wurde der Herrscher von den höchsten Herren des Reiches in einem Zug mit 3000 bis 8000 Inka auf den Platz in Cajamarca begleitet. Dort näherte sich ihm der Dominikanermönch Vicente de Valverde y Álvarez mit dem Übersetzer Felipillo, um Atahualpa im Sinne des *requerimiento* den christlichen Glauben und den auf den päpstlichen Bullen beruhenden spanischen Herrschaftsanspruch zu erklären. Die dabei vorgezeigte Bibel soll – je nach Quelle aus anderen Gründen – bald auf dem Boden gelandet sein, worauf Pizarro das Zeichen zum Angriff gegeben habe.

Die aus Sicht der Inka überraschende Gewaltanwendung während eines diplomatischen Treffens sowie die in die Menschenmenge sprengenden Pferde und die knallenden Kanonenschüsse lösten eine Massenpanik aus. Die Inka, die nur zum Teil und dann nur leicht bewaffnet waren (mit Keulen und Steinschleudern), wurden von den Spaniern niedergemetzelt oder von der Menge niedergetrampelt. Insgesamt verloren ungefähr 3000 bis 6000 Inka ihr Leben, darunter viele hohe Würdenträger und Feldherren. Kein einziger Konquistador starb bei dem Angriff, was belegt, dass die Inka nicht auf eine kriegerische Auseinandersetzung eingestellt waren. Es handelte sich, so gesehen, weniger um eine *Schlacht*, deren Ausgang man mit dem Einsatz von Pferden, Stahl- und Feuerwaffen zu erklären versuchte, als vielmehr um ein *Massaker*. Atahualpa hatte sich offensichtlich verkalkuliert und wurde gefangen genommen. Spätestens seit der Geiselnahme von Moctezuma durch Cortés bildete diese Vorgehensweise ein effizientes Muster der *Conquista*. Die indigenen Krieger zeigten sich ohne ihre Feldherren oft kampfunfähig. Mit der Tatsache, dass sie keinen Befehl erhielten, lässt sich bar verlässlicher Quellen am ehesten begründen, warum die Krieger vor der Stadt nicht einschritten, als ihre Anführer getötet wurden.

Die Konquistadoren konnten sich unbehelligt und sicher bewegen, weil Atahualpa den Inka weiterhin als gottähnlicher Herrscher galt. Wohl in der Hoffnung, dafür am Leben gelassen zu werden, bot er Pizarro Edelmetall von erklecklichem Wert an. Pizarro und seine Gefolgsleute stellten es als Lösegeld für seine Freilassung dar, obwohl ein solches Konzept bei den Inka unüblich war. Der Vorteil bestand darin, dass die im April eingetroffenen knapp 200 Mann unter Diego de Almagro auf diese Weise von der Beuteverteilung ausgeschlossen werden konnten, weil sie zu Atahualpas Gefangennahme nicht direkt beigetragen hatten. Monatelang brachten die Untertanen des Inka-Herrschers Gold und Silber aus allen Gegenden auf Lamas – andere Lasttiere waren im Andenreich fremd – nach Cajamarca. Die Konquistadoren beschleunigten den wortwörtlich schleppenden Prozess. Etwa indem Hernando Pizarro mit 14 Berittenen, neun Konquistadoren zu Fuß und einer unbekannten Zahl indigener Träger aus dem religiösen Zentrum Pachacamac unermessliche Schätze und den Atahualpa treu ergebenen Herrscher Chalcuchimac holte. Drei Spanier wurden von Inka nach Cuzco getragen, wo sie die Stadt nominell in Besitz nahmen und weitere Reichtümer abtransportieren ließen. Vom 10. Mai bis zum 6. August 1533 wurden die angehäuften Edelmetalle in Cajamarca mit Hilfe indigener Schmiede zu Barren geschmolzen, geprägt, besteuert und anschließend unter den Konquistadoren verteilt. Währenddessen ließ Pizarro Atahualpa mit dem Vorwurf, eine Verschwörung angezettelt zu haben, am 27. Juli hinrichten.

Um die Eroberung des Inkareichs zu vollenden, zogen die Konquistadoren ab August in Richtung der fast 2000 Kilometer entfernten Hauptstadt Cuzco. Verstärkung erhielten sie dabei von Diego de Almagros Leuten sowie von einem Heer verbündeter Inka. Atahualpa hatte nämlich seinen gefangenen Bruder Huáscar noch töten lassen, bevor dieser von den Spaniern gefunden wurde. Deshalb bekamen die Spanier von den Huáscar-Treuen militärische Unterstützung. Quisquis, Atahualpas Heerführer aus Quito, hingegen stellte sich den sogenannten «Befreiern» entgegen. Auf dem Weg nach Cuzco fügte er der Vorhut unter Hernando de Soto bei Vilcaconga die bis dahin größten Verluste auf spanischer Seite zu. Etwa gleichzeitig starb unabhängig davon der von Pizarro als Atahualpas Nachfolger eingesetzte Túpac Hualpa, woraufhin Manco Cápac II. als Marionettenherrscher diente.

Im Gegensatz zur Hegemonialmacht des Aztekischen Dreibunds war das Inkareich stärker strukturiert, was es vereinfachte, das Reichsgebilde nach Atahualpas Tod den Rivalitäten zum Trotz aufrechtzuerhalten und durch Marionettenherrscher zu regieren. Es zerfiel nämlich nicht in weitgehend autonome Provinzen und die Inka hatten ihrerseits ein Interesse daran, im spanischen König ein neues einendes Oberhaupt zu sehen. Diese Kontinuitätsidee schlug sich in diversen Chroniken und gezeichneten Genealogien nieder, wie noch zu sehen sein wird. Am 15. November 1534, genau ein Jahr nach Ankunft der Spanier in Cajamarca, erreichte der Eroberungszug Cuzco. Schließlich, nach weiteren Kämpfen gegen Quisquis, die jedoch primär von den verbündeten Inka unter Paulu Inca geführt wurden, bezogen die Konquistadoren die Herrscherpaläste. Sie erbeuteten weitere Schätze, die im März 1535 bei der Gründung eines Stadtregiments zusammen mit Encomiendas unter den Konquistadoren-Bürgern verteilt wurden. Das Gleiche taten sie in Jauja und Trujillo. Um den Nachschub über See besser kontrollieren zu können, gründeten die Spanier nahe der Küste die Ciudad de los Reyes (= Stadt der Heiligen Drei Könige), das heutige Lima.

In Quito, im Norden des Inkareichs, verteidigte sich in der ersten Jahreshälfte 1534 der Atahualpa treu ergebene Herrscher Rumiñahui gegen eine Allianz der Konquistadoren und der *cañaris*. Diese stellten schätzungsweise 10 000 Krieger an die Seite von Pizarros Befehlshaber Sebastián de Benalcázar und dessen rund 200 Mann. Gegen das ähnlich große Kontingent von Rumiñahui verliefen die Schlachten (Tiocajas, Riobamba und Ambato) siegerlos. Der Legende nach soll erst der Ausbruch des Vulkans Tungurahua bewirkt haben, dass Rumiñahuis Männer desertierten. Fakt ist, dass Rumiñahui Quito aufgab und 1535 gefangen genommen und hingerichtet wurde. In Hochperu, dem heutigen Bolivien, entstanden unter Juan de Saavedra und Gonzalo Pizarro zwischen 1535 und 1538 erste spanische Siedlungen. 1545 sollten in dieser Gegend die Silbervorkommen von Potosí entdeckt werden, die der spanischen Krone schier unerschöpfliche Einnahmen bescherten und Potosí zum ökonomischen Zentrum des 1543 eingerichteten Vizekönigreichs Peru machten.

Davor kam es 1536 im Süden des Reichs unter Manco Cápac zum Aufstand gegen die Eroberer. Lima wurde nur kurz belagert, aber erst im Frühjahr 1537 gelang es den aus Chile zurückgekehrten Einheiten von Diego de Almagro, Cuzco wieder unter spanische Kontrolle zu bringen. Manco Cápac floh mit seinen Anhängern nach Vilcabamba, wo er versteckt im schwer zugänglichen Regenwald in den Anden ein Rumpfreich behauptete. 1572 schließlich nahmen die Spanier Túpac Amaru, den «letzten Inka-Herrscher», gefangen. Auf Befehl des fünften Vizekönigs von Peru Francisco Álvarez de Toledo wurde er in Cuzco enthauptet. Mit diesem Akt galt die Eroberung Perus als abgeschlossen. Davor war es allerdings unter den Spaniern selbst zu zwei bürgerkriegsähnlichen Kämpfen gekommen: Almagro beanspruchte Cuzco nämlich für sich, woraufhin ihn die Pizarros mit den verbündeten Inka (Schlacht von Las Salinas) besiegten und 1538 hinrichten ließen. Die *almagristas* übten Rache, indem sie Francisco Pizarro, mittlerweile Gouverneur Neukastiliens, 1541 in Lima erdolchten (siehe Abb. 3). Ein anderer Konflikt brach aus, weil mit den erwähnten Neuen Gesetzen von 1542/43 die Erblichkeit der Encomiendas abgeschafft werden sollte. Daraufhin kam es zum Aufstand der Encomenderos, bei dem der zur Durchsetzung der *Leyes Nuevas* ernannte erste Vizekönig von Peru Blasco Núnez Vela sein Leben verlor. Gonzalo Pizarro, der die Rebellion angeführt hatte, regierte daraufhin faktisch 1544 bis 1548, bis ihn der von Karl V. entsandte Untersuchungsrichter Pedro de la Gasca wegen Hochverrats verurteilte und hinrichtete. Erst nach einem weiteren Konquistadorenaufstand 1553 begann die Konsolidierung der Kolonialherrschaft zu greifen.

Bei der Eroberung Perus konnten die Konquistadoren auf die Erfahrungen aus Mexiko bauen. Das Inkareich war allerdings noch stärker durch interne Rivalitäten gespalten. Der gerade erst entschiedene Bruderkrieg erleichterte den Konquistadoren die Allianzbildung. In Peru kamen die Bündnisse aber vor allem *nach* der Geiselnahme Atahualpas zum Tragen. Seine Überwältigung war, wie auch bei Moctezuma, möglich, weil die Spanier ihr Wort brachen und den friedlichen Empfang ausnutzten. Dass dies gelang, hing mit einer doppelten Portion Glück zusammen: Erstens waren die Inka in Cajamarca mehrheitlich unbewaffnet und zweitens schritten die Krieger vor der Stadt ohne

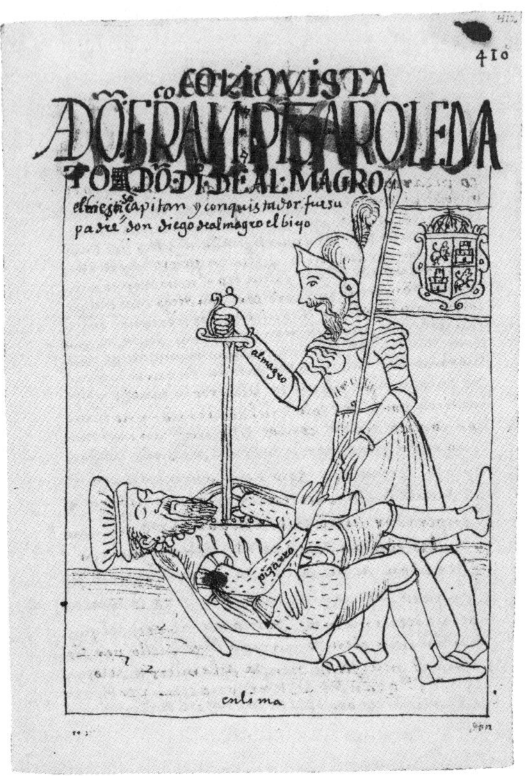

Abb. 3 Almagros Mestizensohn tötet Francisco Pizarro.

Befehl nicht ein. Während in Mexiko die erste Dekade nach der Eroberung zwar chaotisch, aber blutarm verlief, kam es in Peru gleich zweifach zum Bürgerkrieg unter den Konquistadoren. Als letzter Unterschied ist die Menge an erbeutetem Edelmetall in Peru zu nennen, die nirgendwo sonst während der ganzen *Conquista* derartig groß war. Die dadurch ausgelösten Dynamiken verraten im Folgenden viel über den Vorgang der Eroberung Amerikas.

«Ohne Geld kehre ich nicht zurück»: Die Dynamik der *Conquista*

In Cajamarca wurden offiziell rund sechs Tonnen Gold (1 326 539 Pesos) und fast zwölf Tonnen Silber (51 610 Mark) als Beute verteilt. Nach Abzug des königlichen Fünften und der Anteile der Anführer erhielt ein schuldfreier Konquistador zu Fuß 4440 Pesos Gold (ca. 20 kg) und 181 Mark Silber (ca. 41 kg), ein berittener Konquistador das Doppelte. Dadurch befriedigte Pizarro das Verlangen dieser Männer nach Edelmetallen. Die Anführer benachteiligte er allerdings gegenüber seinen Halbbrüdern. Durch sein Verhalten rief er neue Dynamiken hervor, die zum einen Pizarros Erfolg um ein Haar zunichtegemacht hätten und zum anderen zeigen, warum nur wenige Konquistadoren aus der Neuen Welt wieder nach Spanien gingen.

Das Inka-Gold wirkte nicht nur als Pull-, sondern auch als Push-Faktor. Viele der neureichen Konquistadoren wollten in ihre Heimat zurückkehren. Deshalb gestattete es Pizarro nur einer kleinen Delegation von 13 mehrheitlich Alten und Schwachen, mit Hernando Pizarro den königlichen Fünften und die Kunde ihres Triumphes an den spanischen Hof zu bringen. Den anderen verbot er die Ausreise für ein Jahr, um nicht durch einen Exodus seiner Leute die Kontrolle über die eroberten Gebiete gleich wieder zu verlieren. Die in der Beuteverteilung übergangenen Almagristas strebten indes sowieso nach neuen Plünderungsoptionen und die benachteiligten Anführer nach eigenen Gouverneurstiteln. Erstere erhielten bereits kurz darauf in Cuzco Anteile der dortigen Gold- und Silberschätze. Um Regierungsämter zu erlangen, bedurfte es hingegen erheblich mehr Zeit, wie an den ambitionierten Anführern Sebastián de Benalcázar und Hernando de Soto nachzuverfolgen ist.

Der Analphabet Benalcázar stammte aus ungeklärten, aber wahrscheinlich bäuerlichen Verhältnissen. Als Jugendlicher war er aus Andalusien in die Neue Welt gekommen, hatte in Panama von Pedrarias Dávila Encomiendas erhalten und unter Francisco Hernández de Córdoba Nicaragua erobert. Von dort folgte er mit einem eigenen Kontingent von rund 30 Mann Pizarro nach

Peru. Weil er noch vor Hernando de Soto und dessen zahlreicheren Verstärkung zu Pizarro stieß, erlangte er eine ansehnliche Position als Anführer. Bei der Beuteverteilung von Cajamarca signalisierte ihm Pizarro mit dem relativ kleinen Anteil jedoch, dass er nicht mehr unersetzlich sei, und schickte ihn als Statthalter nach San Miguel (Piura), von wo aus er eigenmächtig die Eroberung Quitos und des südwestlichen Kolumbiens (Popayán) lancierte. Er kam damit Pedro de Alvarado, der als Befehlshaber unter Cortés in Mexiko gekämpft hatte und danach Eroberer und Gouverneur Guatemalas war, zuvor. Diesen hatte die Kunde der erbeuteten Schätze ins Inkareich gelockt – allerdings zu spät. Daraufhin warb Diego de Almagro Alvarados über 500 Mann aus Guatemala für eine Expedition nach Chile ab. Als Pizarro Quito 1538 übernahm und Benalcázar einsperren wollte, befand sich dieser auf Eroberungszug im Reich der Chibcha. Dort traf er in Santa Fe de Bogotá allerdings auf zwei Konkurrenten: Von Venezuela aus war Nikolaus Federmann vom Augsburger Handelshaus Welser vorgestoßen, während Gonzalo Jiménez de Quesada sich von Santa Marta an der heute kolumbianischen Karibikküste aus einen Weg gebahnt hatte. Um ihre rivalisierenden Ansprüche auf die goldreiche Gegend zu klären, zogen sie an den spanischen Hof. Benalcázar bat um den Gouverneurstitel für Quito, das nördliche Zentrum des Inkareichs, erhielt jedoch nur jenen für Popayán. In den folgenden Jahren musste er den königlichen Gouverneuren Perus militärisch gegen die aufständischen Almagristas und danach gegen Gonzalo Pizarro aushelfen. Anschließend wurde er für die Ermordung eines Kontrahenten zum Tod verurteilt. Dagegen erhob er Einspruch, erkrankte jedoch auf dem Weg nach Spanien und starb 1551 circa 71-jährig in Cartagena. Er erhielt nur ein einfaches Begräbnis, aber hinterließ viele Kinder, die in Neugranada wichtige Ämter einnehmen sollten.

Ein anderer Anführer unter Pizarro, der sich nach der Beuteverteilung in Cajamarca selbstständig machte, war Hernando de Soto. Dieser Hidalgo aus Jerez de Badajoz in der Extremadura hatte als Jugendlicher 1514 Pedrarias nach Panama begleitet. Dort beteiligte er sich wie Benalcázar unter Hernández de

Córdoba an der Eroberung Nicaraguas (1522–1524), wo er zum Anführer aufstieg und einige der lukrativsten Encomiendas erhielt. Nachdem Soto erfolglos versucht hatte, entlang der Yukatanküste eine Meerverbindung zwischen Atlantik und Pazifik zu finden, erreichte ihn Pizarros erste Goldlieferung aus Peru in Nicaragua. Er mobilisierte rund 100 Mann und verstärkte Pizarros Kräfte mit seinen Leuten, Pferden und Schiffen signifikant. Im Gegenzug erwartete er, von Pizarro zu seinem ersten Anführer gemacht zu werden, aber in dieser Position hatte sich schon Hernando Pizarro fest etabliert. Soto erhielt zwar in San Miguel, Cajamarca und Cuzco jeweils sehr gute Encomiendas und das Amt des stellvertretenden Statthalters, in Cajamarca allerdings statt des zweitgrößten «nur» den drittgrößten Beuteanteil. Das enttäuschte den prominenten *capitán*, der als fähiger Reiter galt und stets die Vorhut anführte. Sein Ehrgeiz machte ihn den Pizarros suspekt und auch Diego de Almagro ernannte ihn nicht zum Anführer für seine Expedition nach Chile. Damit sah Soto keine weitere Möglichkeit, vor Ort an sein Ziel eines eigenen Gouverneurstitels zu gelangen. 1536 kehrte er mit seinem Vermögen und heldenhaftem Ruf aus Peru nach Spanien zurück und heiratete Pedrarias Tochter Doña Isabel de Bobadilla, die aus einer Familie mit guten Beziehungen zum Hof stammte. Nach diversen Absagen handelte er eine Kapitulation für die Eroberung Floridas und das Gouverneursamt für Kuba als Ausgangsbasis aus. Die Krone verlieh ihm zudem die höchsten Ehren, die Mitgliedschaft im Santiago-Orden sowie den Titel des Adelantado, und stellte ihm einen Markgrafentitel in Aussicht, was ihn Cortés und Pizarro ebenbürtig gemacht hätte. Zu diesem Zeitpunkt konnte Soto nicht wissen, dass er in Nordamerika weder Edelmetalle finden sollte noch ein lokales Ausbeutungssystem der indigenen Bevölkerung, auf das er hätte bauen können. Im Mai 1539 landete er mit neun Schiffen, circa 700 Mann und über 200 Pferden im Süden der späteren Tampa Bay. Die Expedition durchquerte die heutigen USA westwärts bis nach Texas, bevor die Überlebenden – es waren weniger als die Hälfte – den Mississippi hinunter und durch den Golf viereinhalb Jahre später nach Mexiko-Stadt gelangten. Soto war bereits 1542 circa 42-jährig einem Fieber erlegen, ohne eine permanente Siedlung errichtet zu haben.

Eine Mehrheit der Konquistadoren fand ihre letzte Ruhestätte wie im Falle von Soto in der Neuen Welt. Benalcázar oder auch Cortés starben zwar in Spanien, aber beide hatten vorgehabt, wieder nach Amerika aufzubrechen. Genaue Gesamtzahlen liegen nicht vor. Dauerhaft jedoch kehrten nur wenige nach Europa zurück: Von den schätzungsweise 2100 Ersten Konquistadoren von Tenochtitlan sind nur neun bekannt, darunter drei reich gewordene ehemalige Amtleute und ein Kranker. Zwar gibt es eine Dunkelziffer, dennoch dürften über 80 Prozent derjenigen, die an der Eroberung Mexikos teilgenommen hatten und 1522 noch lebten, in Spanisch-Amerika gestorben sein. Von den 168 Männern, die in Cajamarca dabei waren, starben je 66 in Spanien und in Las Indias – bei 36 unbekannten Fällen. Diese deutlich höhere Quote von Rückkehrern bezieht sich auf die kleine Gruppe, die dort schlagartig reich wurde, und schließt die Almagristas aus. Außerdem hatte die Nachricht über das Inka-Gold einen Pull-Effekt, strömten doch zum Beispiel mit Pedro de Alvarado, Jiménez de Quesada oder Nikolaus Federmann weitere Konquistadoren nach Südamerika. Im größeren Kontext gesehen blieb also auch in Peru die Mehrheit der Eroberer in der Region.

Die Marktlogik war es, die neben anderen Faktoren wie familiale Bande, Zufall, situative Loyalitäten oder Abhängigkeiten die geografische Mobilität bestimmte: Letztendlich zogen die Konquistadoren dorthin und ließen sich nieder, wo sie eine Einnahmequelle sahen. Nach den Eroberungszügen begaben sich beispielsweise Zimmerleute häufig in die Hafenstädte, wo sie im Schiffsbau Arbeit fanden, und Kaufleute wurden in den Handelszentren und entlang der Handelsrouten ansässig. Oft bestimmte auch die Verteilung von Land und Encomiendas den Siedlungsort. Im Gegensatz zur mobilen Beute banden die Encomiendas die Konquistadoren an die Neue Welt. Der Großteil der aus ihnen gewonnenen Güter wie Mais, Bohnen oder Tücher fand nämlich außerhalb der Region keinen Absatzmarkt. Die Ausfuhr versklavter Indios war verboten und die anvertrauten Indios durften nur im Umkreis ihres Herkunftsortes zu Arbeitsdiensten eingesetzt werden. Bergbau, Landwirtschaft, Seidenzucht und Zuckerplantagen sollten deshalb universale Handelsgüter erzeugen. Dafür erforderlich war allerdings, dass die Konquistadoren sesshaft wurden.

Neben der *geografischen* Dynamik sorgten die Eroberungszüge auch für eine gewisse *soziale* Mobilität. Neben der materiellen Gratifikation strebten die Konquistadoren nämlich auch nach immaterieller Belohnung wie etwa Statuserhöhung in Form von Nobilitierung oder der Vergabe von Ämter- und Ehrentiteln. Diese Privilegien ließen sich oft wieder in ökonomische und soziale Vorteile ummünzen. So bekamen 27 der 168 Spanier von Cajamarca ein Wappenschild (*escudo de armas*) von der Krone zugesprochen. Mit dieser vererbbaren Ehre signalisierte man den Adelsstatus des Geschlechts. 22 stiegen zum Anführer auf und 53 durften ein Amt in einem Stadtregiment bekleiden, davon 41 in Amerika und zwölf in Spanien. Die höheren Ehren vergab die Krone seltener: Dennoch erlangten fünf der Konquistadoren eigene Gouverneurstitel und drei zugleich Adelantado-Titel, darunter Benalcázar und Soto. Dem Geistlichen Vicente de Valverde wurde ein eigenes Bistum in Peru eingerichtet. Pizarro erhielt einen Markgrafentitel; dieses äußerst seltene Privileg beinhaltete ein lokales Herrschaftsrecht. Nur vier der Männer von Cajamarca wurden in den Santiago-Orden aufgenommen. Dafür erreichten bis auf drei alle eine privilegierte Stellung in der Gesellschaft aufgrund ihrer politischen Ämter und/oder einträglicher Encomiendas. Über Peru hinaus gesehen besaßen alle Bürger in Spanisch-Amerika ein Stück Land, viele auch Sklaven und ihnen anvertraute indigene Arbeitskräfte oder Tributrechte. Als Herren über andere Menschen und befreit von körperlicher Arbeit sahen sich die ehemaligen Konquistadoren daher dem Adel zugehörig oder zumindest nahe, der Hand- und Feldarbeiten als Tätigkeiten der unteren Schichten verpönte. Insgesamt erlangten relativ viele Spanier in der Neuen Welt eine höhere soziale Position als in ihrer Heimat und gerade die Ersten Eroberer und Siedler bildeten die neue lokale Elite.

Das soziale Ansehen war eng verbunden mit materiellem Wohlstand, weshalb die Konquistadoren unter Erfolgsdruck standen, was verbunden mit ihrer Verschuldung die Eroberung antrieb. So schrieb Francisco de Meza Matamoros 1586 seiner Frau aus Lima exemplarisch: «[D]ie Männer, die in dieses Land kommen, können nicht ohne Geld nach Kastilien zurückkehren, weil sie sonst von allen beleidigt würden.» Er bat seine Frau, zu ihm nach Peru zu kommen, denn, wie er selbst begründete: «[I]ch möchte nicht arm nach Kastilien gehen, weil ich ohne Geld nicht dahin gehen würde.» Ohne vorzuweisenden Erfolg mochte niemand heimkehren, um nicht als gescheiterter Glücksritter dort zum Gespött zu werden. Ein Scheitern kam also nicht in Frage, vielmehr zwang es zum Weitermachen und verunmöglichte die Rückkehr nach Spanien.

Zusammenfassend lässt sich sagen, dass die Beute aus Cajamarca exzeptionell hoch ausfiel. Sie lockte Nachzügler an und animierte die Beteiligten zugleich zur Rückreise in die Heimat oder zur Ausweitung der Eroberungszüge in der Region. Im Normalfall genügten die enttäuschend geringen mobilen Beuteanteile in Form von Edelmetall, Juwelen oder Perlen nicht, um aus dem Eroberungsgeschäft auszusteigen. In ihren Dienst- und Verdienstberichten lassen sich deshalb beeindruckende Itinerare der Konquistadoren verfolgen. Sie führten von Afrika, Italien, den Kanaren und Großen Antillen über Mexiko-Stadt und Neuspanien, Honduras und Guatemala bis nach Peru, Chile sowie auf die Philippinen, oder wie bei Hernando de Soto über Panama, Nicaragua, Peru und Kastilien in den Süden der heutigen USA. Statt mobiler Beute von universellem Wert erhielten die Konquistadoren vorrangig immobile Beute wie Land, Privilegien (Ämter oder Steuerreduktionen) und Tributrechte. Wie das dazu beitrug, dass die expansiven Eroberungszüge zu nachhaltigen kolonialen Herrschaftsstrukturen führten, soll nun vertieft werden.

Die Kinder der Sieger und die Etablierung der Kolonialherrschaft

Der von Francisco Pizarro zum Fähnrich und Anführer ernannte Diego de Agüero ließ im November 1536 seinen Dienst- und Verdienstbericht erstellen. Darin schilderte er, wie er mit Pizarro aus Kastilien nach Peru gekommen und in Cajamarca bei der Gefangennahme Atahualpas dabei gewesen sei, nach der Eroberung Cuzcos bis zum Titicacasee Hochperu erkundet und viele Neuankömmlinge mit Essen versorgt habe. Außerdem habe er in einem Gefecht eine Gruppe Indios auf einer Steinbrücke angegriffen und besiegt. An diese Szene erinnert die Brücke in dem Entwurf für sein Wappenschild, um das er die Krone mit seinem Bericht bat. Warum eine solche Kommunikation mit dem spanischen Hof entscheidend war für die Herausbildung des Kolonialreichs, soll kurz erläutert werden.

Vorauszuschicken ist, dass die iberischen Könige in der Vormoderne über kein Gewaltmonopol und keinen ausgeprägten Staatsapparat verfügten. Sie waren stattdessen auf die Treue und militärische Unterstützung der Feudalherren und städtischen Bürger angewiesen. Um diese zu garantieren und die Macht ab dem Spätmittelalter (1250–1500) stärker beim König zu konzentrieren, pflegte die kastilische Krone eine Gnadenökonomie. Diese folgte dem Prinzip der Verteilungsgerechtigkeit (*iustitia distributiva*), die vorsah, dass der König seine Untertanen entsprechend ihrer Dienste und Verdienste belohnen sollte. Dadurch bestand ein Anreiz, dem König treu zu bleiben und weitere herausragende Dienste zu leisten, und die gegenseitig ermächtigenden staatsbildenden Bande wurden gestärkt. Der Aufbau kolonialer Institutionen verlief jedoch nicht geradlinig und ging interessanterweise nicht von der Krone aus. Die Initiative kam wie schon bei den Kapitulationen für die Expeditionen erneut von den Konquistadoren selbst. Sie bemühten sich um die Etablierung offizieller Instanzen und die Durchsetzung königlicher Gesetze. Aber wie und wieso taten sie das?

Mindestens *ein* Kronbeamter (*oficial real*) hatte den königlichen Vorgaben zufolge jeden Eroberungszug zu begleiten und den Beuteanteil der Krone einzufordern. Im besten Fall sah die Krone vier Amtleute für diese Angelegenheit vor: Der Schatzmeister (*tesorero*) hatte die wichtigste Position inne, ihm wurden die Schätze anvertraut; der Buchhalter (*contador*) führte über diese Buch; der Tributverwalter (*factor*) erhob unter anderem die Tribute; und der Aufseher (*veedor*) hatte besonders die Schmelzprozesse zu überwachen. Hinzu kamen königliche und öffentliche Schreiber (*escribanos reales/públicos/de minas*), die die meisten der überlieferten Dokumente verfassten und zugleich als Notare dienten.

Diese Amtleute darf man sich nicht – Max Webers Idealtypus entsprechend – frei von Eigeninteressen vorstellen. Vielmehr handelte es sich bei ihnen um Konquistadoren, denen der Anführer oder die Gruppe ad hoc zusätzliche Aufgaben übertrug. Die Eigeninteressen ließen sich mit jenen der Krone grundsätzlich vereinen und führten dazu, dass die Konquistadoren von sich aus Amtleute ernannten und freiwillig die königlichen Steuern zahlten. Durch die zwanzigprozentige Abgabe der Erträge an die Krone (*quinto real*) wurde nämlich ein Unternehmen legitimiert und der Rest der Beute implizit zu legalem Eigentum. Indem Pizarro das angehäufte Gold und Silber in Cajamarca vom Schatzmeister besteuern und prägen ließ, verwandelte er es in eine Tauschware und erzeugte Eigentum. Im Falle versklavter Gefangener verlief das Verrechtlichungsverfahren, indem die Gefangenen von einem Kronbeamten gebrandmarkt wurden. Alle diese Verfahren wie auch die Land- und Encomiendavergabe mussten vor einem Kronbeamten oder Notar stattfinden und schriftlich festgehalten werden. Die Dokumentation der Präge-, Brandmarkungs- und Verwaltungsakte sowie die Übertragung des königlichen Fünften, wodurch Raub zu Recht wurde, erforderten also jeweils Amtleute.

Für die zivile Administration der eroberten Gebiete gründete Pizarro – wie während der *Conquista* üblich – Städte und ernannte auch für diese Aufgaben Konquistadoren zu Amtleuten. In die Stadtregimente (*cabildos*), ins Amt des Statthalters (*teniente de gobernador*) oder etwa in das des obersten Wachmanns (*alguacil mayor*) bestellte er meist Anführer und angesehene

Reiter. Bei der Gründung Limas am 18. Januar 1535 dokumentierte der Schreiber Antonio Picado diesen Akt, den der Schatzmeister Alonso de Riquelme, der Aufseher García de Salcedo Fuente und vier weitere Konquistadoren mit ihrer Unterschrift bestätigten. Sie bildeten das Stadtregiment, zu dessen Räten (*regidores*) auch der eingangs erwähnte Diego de Agüero gewählt wurde. Zudem bestimmten sie die Orte für den Hauptplatz und die Kirche. Schließlich verteilte Pizarro die Wohn- und Landparzellen sowie die Encomiendas unter den Konquistadoren, die sich als Bürger (*vecinos*) einschreiben ließen. Die Bürger verpflichteten sich, die Parzellen zu bebauen, zu heiraten oder ihre Frauen zu sich zu holen sowie Pferd und Waffen einsatzbereit zu halten. Weil grundsätzlich die größeren Städte bevorzugt wurden, mussten die Bürger mit Mindestsiedlungszeiten an die abgelegenen oder wirtschaftlich unattraktiven Orte gebunden werden. Agüero zum Beispiel erhielt mit Lunahuaná eine der lukrativsten Encomiendas im Tal von Lima und ehelichte Doña Luisa de Garay, die angesehene Tochter des Adelantado von Pánuco Francisco de Garay. Die Städte mit ihren Bürgern waren die kleinsten Einheiten institutioneller Herrschaft auf lokaler Ebene. Indem die Bürger wie Agüero ihre Parzellen bewohnten, bewirtschafteten und sie zu verteidigen bereit waren, verkörperten sie gleichzeitig den Herrschaftsanspruch der Krone über die eroberten Territorien. Dementsprechend beschränkte sich vielerorts die Herrschaftsdurchsetzung auf die urbanen Ballungszentren.

Auf die Encomenderos traf die doppelte Interessenvertretung in noch stärkerem Maße zu. Auch sie waren oft ehemalige Konquistadoren. Ihren großen Einfluss und ihre weitreichende Autonomie sollten sogenannte *corregidores*, die ab den 1530er Jahren von der Krone entsandt wurden, eindämmen. Dazu waren die Corregidores angehalten, die Encomiendas zu übernehmen, die Tribute der indigenen Bevölkerung fortan direkt für die Krone einzutreiben (*corregimiento*) und in kriminal- und zivilrechtlichen Fällen erstinstanzlich zu richten. Weil die Encomenderos die lokale spanische Elite bildeten, ließen sie sich aber nicht so schnell entmachten – wie oben am Aufstand Gonzalo

Pizarros gezeigt wurde. Sie garantierten vielmehr, dass die Ausbeutung der indigenen Unterschichten anhielt und diese die Bereicherung der neuen Elite vorantrieb. Ermöglicht wurde das nicht zuletzt durch die Kollaboration und Kooperation der indigenen Eliten. Die Konquistadoren hatten in Mesoamerika und im Inkareich das Glück, dass sie an Raum- und Besitzvorstellungen der einheimischen Bevölkerung anknüpfen und im Falle der Encomienda wie auch der *mit'a* (= Arbeitsschicht) auf vorspanische Tributstrukturen zurückgreifen konnten.

Die Mit'a war während der Inka-Zeit eine Art Staatsfron, bei der die arbeitsfähigen Männer in einem rotierenden System für eine bestimmte Zeit gemeinnützige Arbeiten wie Straßen-, Brücken- und Tempelbau oder Militärdienst leisten mussten. Die Spanier richteten die Arbeitseinsätze dieser *mitayuq* genannten Männer primär auf den Bergbau aus. So wurde aus den Gemeinden jeweils eine gewisse Anzahl von Männern für ein Jahr zur Schichtarbeit in die Stollen der Silberbergwerke von Potosí entsandt. Dort entstand durch das lukrative Geschäft eine neue, boomende Stadt und 1566 wurde die offizielle Münzprägestätte in Lima errichtet – 1535 bereits jene in Mexiko-Stadt. Dadurch konnte fortan in den Kolonien spanisches Geld geprägt werden, das sich gewissermaßen zur ersten globalen Währung entwickelte. Bei den Nahua leisteten die Unterschichten für ihre lokalen Herren Arbeitsdienste (*coatequitl* = «Schlangenarbeit») und Abgaben, die teilweise an die regionalen Herrscher weitergegeben werden mussten. Die alle 80 Tage zu entrichtenden Abgaben von Kakao, Bohnen, Textilien, Federschmuck und weiteren Gütern waren für jeden Stadtstaat festgelegt (siehe Abb. 4). Nach der Eroberung teilten die Spanier die indigene Bevölkerung entlang der traditionellen Tributeinheiten unter sich auf.

Bereits Kolumbus wies den Kolonisten Hispaniolas lokale Herren zu (*repartimiento de caciques*), deren Indios für die Spanier arbeiten und Gold und Nahrungsmittel heranschaffen mussten. Um die Indigenen umzuerziehen (Hispanisierung) und den päpstlichen Missionierungsauftrag zu erfüllen, sollten die Encomenderos außer für den Schutz, die Bekleidung und Verpflegung auch für die Unterrichtung in christlichen Bräuchen

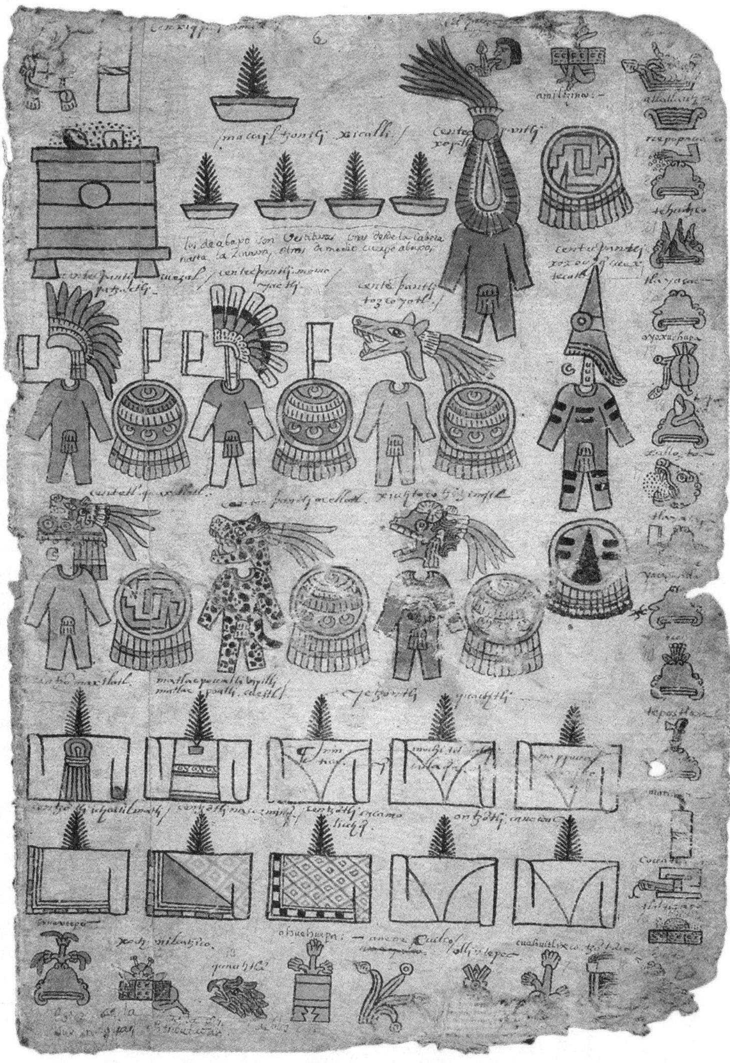

Abb. 4 Die Spanier übernahmen die Tributeinheiten, die jeder Stadtstaat alle 80 Tage der Regionalmacht zu entrichten hatte, in Mesoamerika aus der vorspanischen Zeit.

Abb. 5 Ein Wappenschild wie dieses für Diego de Agüero von 1536 war ein von der Krone erteiltes vererbbares Privileg. Es durfte am Haus aufgehängt werden und signalisierte den Adelsstatus des Geschlechts.

sorgen. Cortés sah auf den Großen Antillen, wie die einheimische Bevölkerung unter der skrupellosen Ausbeutung durch die Siedler litt und drastisch dezimiert wurde. Während die Geistlichen – wie erwähnt – den Encomenderos den Zugriff auf die Indios entziehen wollten, plädierte Cortés für das Gegenteil. Er riet der Krone, die Indios den Konquistadoren in Neuspanien vererbbar zuzuteilen. Das sei besser, weil sie dann von den Spaniern rücksichtsvoller behandelt würden, um sie an ihre Kinder

Abb. 6 In ihrem Entwurf für ein Wappen für die Stadt Coyoacán vermischte die indigene Elite Herrschaftsinsignien der Nahua (Federschmuck, goldene Glöckchen und den Rundschild mit drei Pfeilen) mit den spanischen Elementen des viergeteilten Schilds mit der Helmdecke.

weitergeben zu können. 1524 ermahnte Cortés die Kolonisten und Encomenderos, dass «die Hauptursache für die nachhaltige Besiedlung dieser Gebiete im Erhalt und in der guten Behandlung der Einheimischen gründet». Die Encomiendas wurden meistens auf zwei Leben beschränkt zur Nutznießung vergeben, aber anschließend verlängert. Das heißt, dass die Encomiendas Eigentum der Krone waren und jede zweite oder dritte Generation der Encomenderos wieder um eine Verlängerung des Tributrechts bitten musste. Die mittel- bis langfristige Belohnungs- und Bestrafungshoheit befand sich somit beim spanischen Hof. Faktisch jedoch ließ sich die Encomienda vererben.

Beim König wurde aber nicht nur um die Erneuerung oder Zuteilung einer Encomienda angefragt, sondern auch um weitere Privilegien wie Renten, Ämter- oder Ehrentitel. Dabei stützten sich die Konquistadoren und ihre Nachfahren auf die spätmittelalterliche kastilische Gnadenökonomie. Um die Eroberungstaten ein zweites Mal zu versilbern, teilten die Konquistadoren dem König mit, dass sie ihm herausragende Dienste erwiesen hätten. Dazu war ein administratives Verfahren notwendig. Die frühen Bittsteller ließen ihre Petition vor einem Amtmann von einem Schreiber verfassen. Nach der Gründung der *Audiencias* (1511 Santo Domingo, 1527 Mexiko-Stadt, 1543 Lima u.a.) mussten sie vor diesen obersten Gerichtshöfen in einem standardisierten Verfahren erstellt werden. Daraus gingen mehrere tausend Dienst- und Verdienstberichte (*informaciones de méritos y servicios*) hervor. In diesen schilderten sie die Taten während der Eroberung, die sie oder ihre Ahnen für die Krone erbracht hätten, und verwiesen auf ihr Verdienst als Erste Konquistadoren (*primeros conquistadores*) oder als Angehörige eines solchen. Die von den Antragstellern einberufenen Zeugen kommentierten die Aussagen entlang eines Fragenkatalogs. Wenn die Krone die Forderungen genehmigte, bestätigte sie implizit den sozialen und politischen Status der Bittstellenden. Das wiederum verhieß eine längerfristige Privilegierung, weil die Familie als verdienstvoll galt.

Genau das hatte Diego de Agüero mit seiner eingangs erwähnten Petition erreicht. Die Krone sprach ihm ein Wappenschild zu (siehe Abb. 5). Durch einen bis 1630 mehrfach erweiterten Dienst- und Verdienstbericht, der zuletzt rund 2200 Seiten umfasste, sicherten sich auch Agüeros Nachfahren zahlreiche Privilegien. Sein gleichnamiger Sohn verfasste einen weiteren Bericht über die Meriten seines Vaters. Nachdem dieser 1544 an einer Krankheit gestorben war, erbte der Sohn sein Amt als Stadtrat in Lima und seine Encomienda. So entstand eine kontinuierliche Präsenz der Familie Agüero, deren Geschlecht noch im 17. Jahrhundert zu einem der (einfluss-)reichsten der Andenregion gehörte.

Die indigene Elite wusste sich ebenfalls an der Gnadenökonomie zu beteiligen. Ein Beispiel aus dem 16. Jahrhundert liefert Francisco Marcayuto, ein einheimischer Herr aus Cuzco, der in Cajamarca von Hernando de Soto gefangen genommen worden war und seither in dessen Diensten gestanden hatte. Zumindest schilderte er das in seinem Gesuch an die Krone, in dem er um Anerkennung seiner Dienste und Verdienste bat. Bekannt sind auch die erfolgreichen Petitionen der tlaxcaltekischen Eliten, die für die Unterstützung von Cortés umfangreiche Privilegien und für ihre Stadt den Titel der «Sehr edlen und treuen Stadt Tlaxcala» erhielten.

So ist festzuhalten, dass die rechtmäßige Beute als besteuertes Eigentum sicherer und weniger flüchtig schien als unterschlagenes Raubgut. Deshalb ernannten die Konquistadoren Amtleute und zahlten Steuern. Damit förderten sie aber nicht nur den Aufbau kolonialer Instanzen. Mit ihrer Steuerabgabe signalisierten sie dem König zugleich ihren erwiesenen Dienst und hofften dabei auf eine (zweite) Belohnung durch königliche Gnaden. Dazu verfassten viele einen Dienst- und Verdienstbericht, was wiederum den Institutionenaufbau und die Partizipation der Krone an den Geschäften in der Neuen Welt ermöglichte und unterstützte. Indem auch die Nachfahren wie die Agüeros für die Leistungen und Verdienste ihrer Ahnen Privilegien von der Krone zugeteilt erhielten, bestand für sie ein großer Anreiz, in den eroberten Gebieten zu bleiben und das Territorium gleichzeitig für die Krone zu bewirtschaften und zu verteidigen. Das bewirkte eine perpetuierte Ausbeutung der indigenen Unterschichten und erwies sich als fundamental für die 300 Jahre währende Kolonialherrschaft. Dass dies aber nicht reibungslos vor sich ging und nicht allein auf die Eigeninteressen der Konquistadoren und die Kooperation der indigenen Eliten zurückzuführen ist, zeigt sich im nächsten Kapitel.

4. Missionare und Misserfolge in Nord- und Südamerika

Die meisten Geschichten zur *Conquista* konzentrieren sich auf die erfolgreichen Unternehmen, die – wenn auch mit Rückschlägen – am Ende zu Eroberungen und spanischer Kolonialherrschaft führten. Zahlreiche Unterfangen endeten für die Beteiligten jedoch tödlich oder verpassten das angestrebte Ziel. Solche gescheiterten Entradas sind im Nachhinein als Wegbereiter für die anschließenden Erfolge zu *Erkundungs*expeditionen stilisiert worden.

Zu dieser Kategorie gehören zum Beispiel die «Entdeckungsfahrt» von Antonio de Carvajal (1518) an die yukatekische Küste vor Cortés (ab 1519) und die ersten Expeditionen von Francisco Pizarro (1524 und 1526–1528). Der Grund für ihre Beschränkung auf Erkundungen liegt aber nicht hauptsächlich darin, dass diesen Unternehmen die königliche Befugnis zur Eroberung gefehlt hätte. Im Kontext der kastilischen Gnadenökonomie hatten bereits die Augenzeugen ein Interesse daran, dass man ihre Taten als erfolgreich und verdienstvoll ansah, hofften sie doch, entsprechend belohnt zu werden. So tendierten die Generalkapitäne und Anführer etwa dazu, ihre Eroberungen als flächendeckender und weitreichender darzustellen, als sie in Wirklichkeit waren. Die narrativen Strategien der Zeitzeugen, die von der Geschichtsschreibung häufig unkritisch übernommen wurden, erschweren eine Analyse der spanischen Misserfolge. Um ein präziseres Bild der *Conquista* zu bekommen, ist es jedoch notwendig, die Quellen daraufhin eingehender zu prüfen. Südlich des Flusses Bío Bío im heutigen Chile verteidigten beispielsweise die Mapuche ihre Souveränität über das Ende der Kolonialzeit hinaus. Unter anderem anhand der dort misslungenen Eroberungsversuche soll hier verdeutlicht werden, welche Faktoren eine Entrada zum Scheitern verurteilten.

Auf der kulturellen Ebene durchdrangen die Spanier auch nicht alle Bereiche gleichermaßen effektiv. Die Christianisierung der Neuen Welt war dennoch ein wichtiger Faktor, der das gesamte Expansionsunterfangen in Europa zu legitimieren half. Zudem wurden einzelne Orte durch die Pionierarbeit der Missionare für europäische Kolonisten erst zugänglich gemacht. Schließlich beteiligten sich die Geistlichen bei der Etablierung europäischer Herrschaftsstrukturen. Mit der Umerziehung zum christlichen Leben wirkten sie an der ebenso schöpferischen wie auch zerstörerischen Hispanisierung mit. Welche Rolle spielten also die Geistlichen genau in der *Conquista*?

Spirituelle Eroberer: Geistliche in der *Conquista*

Zur Zeit der Expansion war das Christentum nicht geeint, sondern befand sich in einem Konfessionalisierungsprozess, der als Reformation bekannt ist. Obwohl in der Forschung Vergleiche häufig nur zwischen den katholischen und den protestantischen Expansionen angestellt werden, war sowohl in Spanien selbst als auch in der Neuen Welt ein religiöser Pluralismus zu finden. Zwar bemühte sich die Krone, eine rein katholische Kolonialgesellschaft zu bilden, indem sie für alle Nicht- und Neuchristen wie etwa die (zwangs-)konvertierten Juden (*conversos*) und Muslime (*moriscos*) Ausreiseverbote nach Spanisch-Amerika aussprach. In der Praxis bewegten sich in der *Conquista* aber neben Christen aller Konfessionen auch Juden, Muslime sowie Angehörige afrikanischer und indigener Religionen. Im Bewusstsein dieser Vielfalt stellen sich bereits grundlegendere Fragen: Wie sah die Verbindung zwischen christlichen und kolonialen Expansionsbestrebungen aus? War der Missionierungsauftrag primär Rechtfertigung oder Motivation? Und zogen die Geistlichen lediglich mit den Eroberungszügen mit oder trieb das Christentum als Motor die *Conquista* an? Die Antworten unterscheiden sich je nach Akteur und Region.

Auf dem Banner, das Cortés auf Kuba aufstellen ließ, als er für sein Eroberungsunternehmen warb, soll gestanden haben:

«Freunde, lasst uns dem Kreuz folgen: Wenn wir glauben, werden wir in diesem Zeichen siegen.» Der Spruch lehnt sich an den angeblichen Traum von Konstantin dem Großen, dem römischen Kaiser (gest. 337), an, in dem ihm ein Kreuz erschienen und gesagt worden sei: «In diesem Zeichen siege». Konstantin habe daraufhin auf die Schilder seiner Krieger Kreuze oder Christusmonogramme malen lassen. Während der Kreuzzüge fand dies weite Verbreitung, und es wurde zur üblichen Praxis, dem Heer – in der Hoffnung auf Sieg – ein Kreuz oder Reliquien von Heiligen in der Schlacht voranzutragen. In der *Conquista* ließ Cortés täglich und besonders vor Kämpfen die Messe halten. Das sollte nicht nur den Mut der Männer stärken, sondern sie auch durch die Erinnerung an einen höheren Sinn disziplinieren. Für die religiösen Riten hatte er Bruder Bartolomé de Olmedo und Juan Díaz mitgenommen. So erfüllte der Generalkapitän die Standardvorgaben der Krone, dass mindestens zwei Geistliche eine Entrada zu begleiten hatten, was für Cortés wichtig war, um sein nicht autorisiertes Unternehmen legalisieren zu lassen. Nur auf welcher Grundlage rechtfertigte die Religion das spanische Vorgehen?

Dazu wurde der biblische Missionsbefehl herangezogen. Laut Matthäus (10,5–7 und 28,18–20) wies Jesus seine Jünger an, seine Doktrin zu verbreiten. Der Papst erteilte diesen Auftrag der spanischen Krone, wie erwähnt, im Hinblick auf die Bevölkerung der überseeischen Territorien. Die Gewalt, zu der es dabei kam, kritisierten sowohl Geistliche als auch Gelehrte – etwa Antonio de Montesinos mit seiner Adventspredigt (1511) und dann besonders der «Vater des Völkerrechts» Francisco de Vitoria (gest. 1546). Der Dominikanermönch Vitoria lehrte an der Universität von Salamanca und verfasste unter anderem die zwei Traktate *De Indis* und *De Iure belli Hispanorum in barbaros* (beide 1532). Einen natürlichen Sklavenstatus der Indios lehnte er ab, hielt er sie doch nicht für Barbaren, vielmehr sprach er ihnen ein Eigentumsrecht über ihr Land zu. Folglich war Amerika in seinen Augen kein herrenloses Gebiet, für das die antike Herrschaftsbegründung der ersten Eroberung gegolten hätte. Vitoria zufolge durften die Spanier die indigene Bevölkerung nur in Ausnahmefällen unterjochen und sie ihres Landes enteignen, beispielsweise wenn die Bedingungen für einen «gerechten Krieg» gegeben waren oder wenn die Spanier an der Christianisierung der Einheimischen gehindert wurden. Unter diesen Umständen sah Vitoria Eroberung und Versklavung als gerechtfertigt an.

Ein weiterer Dominikanermönch, Bartolomé de las Casas (gest. 1566), erachtete die *Conquista* als Gottes Willen, den Bewohnern Amerikas das Christentum zu bringen. Obwohl er sie also im Grunde befürwortete, bekämpfte er allerdings ebenfalls ihre Umsetzung durch die Konquistadoren. Las Casas' Vater und Onkel hatten Kolumbus auf der zweiten Reise in die Karibik als Kaufleute begleitet, während er selbst 1502 als knapp 18-Jähriger nach Hispaniola kam. Nachdem er dort an der Unterwerfung der letzten widerständigen Taíno und der Eroberung Kubas mitgewirkt hatte, erhielt er zur Belohnung Encomiendas zugewiesen. Diese gab er ein paar Jahre später dem Gouverneur zurück, da inzwischen die Dominikanermönche bei ihm ein Umdenken ausgelöst hatten. Ab 1516 setzte er sich, ausgestattet mit dem offiziellen Titel «Universeller Interessenvertreter aller Indios in Westindien», sowohl am Hof als auch mit friedlichen Missionierungsprojekten für die Indigenen ein. Zudem verfasste er eine Reihe von Berichten, in denen er den brutalen Umgang der Kolonisten mit den Einheimischen verurteilte. In der berühmten Disputation von Valladolid (1550–1551) versuchte Las Casas, im Streitgespräch mit dem Rechtsgelehrten Juan Ginés de Sepúlveda die Krone zu überzeugen, dass die indigene Bevölkerung besser behandelt werden müsste. Wie ein Aufseher und Kritiker überwachte er somit die Einhaltung moralischer Grenzen und prangerte am Hof etwaiges Fehlverhalten an.

Als erste Orden entsandten ab 1500 die Franziskaner und ab 1510 die Dominikaner Missionare in die Neue Welt, bald darauf folgten auch Hieronymiten, Jesuiten und Augustiner. Die katholischen Geistlichen unterschieden sich nicht nur in ihrer Funktion als Kleriker, also kirchliche Amtsträger wie Priester und Bischöfe, oder Laien wie Ordensbrüder und andere Missionare. Sie verkörperten zudem verschiedene Rollen, die vom erwähnten Aufseher und Kritiker über den Beschützer der Indios bis zum Unternehmer und Finanzier reichten. Des Weiteren waren sie aber auch als eine Art Diplomaten und Berater, Feldkaplane und Seelsorger, als Kirchenbauer und Amtmänner, Pioniere und Utopisten, als Erzieher und Forscher sowie Übersetzer und Chronisten tätig. Häufig nahmen sie mehr als nur eine Rolle ein.

Ein typischer Unternehmer und Finanzier war beispielsweise der bereits erwähnte Hernando de Luque. 1514 reiste er auf den Schiffen von Pedrarias Dávila mit dem Bischof Juan de Quevedo nach Panama, wo er als dessen Vikar in der Diözese Santa María la Antigua del Darién arbeitete und für die Zuteilung der Indios an die Konquistadoren verantwortlich war. Dank eigener Encomiendas und der Goldgewinnung mit Hilfe seiner versklavten Indios gehörte er zu den reichsten Männern am Isthmus. 1525 gründete er mit Diego de Almagro und Pizarro eine *compañía,* um sich auf die Suche nach Gold und Silber zu machen. Noch bei ihrer dritten und schließlich erfolgreichen Expedition nach Peru regelte Luque die Finanzen. In der Kapitulation zur Eroberung von Tumbes beziehungsweise Peru handelte Pizarro für Luque den Titel «Beschützer der Indios» und das Bischofsamt für das zu erobernde Gebiet aus. Da er jedoch bald darauf starb, sollte nicht er den Bischofstitel für Peru erhalten, sondern der Feldgeistliche Vicente de Valverde.

Valverde verkörperte zugleich die Rolle des Feldkaplans und Seelsorgers wie auch diejenige des Diplomaten und Beraters. Das Gleiche trifft auf Bruder Bartolomé de Olmedo vom Mercedarierorden zu, der einer der engsten Vertrauten von Cortés war, mit dem sich dieser oft beriet. Zusammen mit Juan Díaz hielt Olmedo die Messen während des Eroberungszuges nach Tenochtitlan und taufte Malinali sowie die 19 weiteren Sexsklavinnen in Tabasco, die damit zu den ersten indigenen Christinnen Mexikos wurden. Außerdem setzte ihn Cortés, gewissermaßen, als Diplomat ein: Er entsandte ihn, um mit Pánfilo de Narváez zu verhandeln, und schickte ihn zu weiteren Treffen mit lokalen Eliten. 1524 übertrug ihm Cortés die Führung des bis heute in Mexiko-Stadt bestehenden Hospital de Jesús. So übernahm Olmedo bis zu seinem Tod noch im selben Jahr die Aufgabe, eine religiöse Institution zu leiten, die sich um die Seelen und Körper von Kranken, Verletzten und Bedürftigen kümmerte. Als Seelsorger waren im Grunde die meisten Kleriker im Einsatz.

In der Regel wurden bald nach der Eroberung eines Ortes – meist mittels indigener Arbeitskräfte – Kirchen und weitere sakrale Gebäude errichtet. Die ersten Bauten waren größtenteils Stiftungen von Konquistadoren. Nicht selten vermachten Kämpfer ohne Erben ihr Vermögen christlichen Einrichtungen. Oft sollten für sie bestimmte Gebete gesprochen oder in ihrem Heimatort eine Kapelle zu ihrem Gedenken gebaut werden. Dadurch entstanden in Spanisch-Amerika Klöster, Kirchen, Hospitäler und Friedhöfe sowie in den größeren Städten Kathedralen. Die auf diese Weise veränderte regionale Architektur war ein globales Phänomen der christlichen Expansion, das noch heute die kolonialen Landschaften prägt und von der Präsenz der Ordensleute zeugt.

Auch die heutige geografische Einteilung in Diözesen und Bistümer geht vielerorts auf die kirchenstrukturelle Organisation der Konquistadoren und Missionare zurück. Der Papst übertrug der Krone 1518 die Befugnis, die Diözesangrenzen festzulegen, also die (Erz-)Bistümer und Kirchenprovinzen zu definieren. Dank dem bereits 1508 übertragenen Patronatsrecht (*patronato real*) konnte die Krone sämtliche kirchliche Ämter besetzen. In der *Conquista* und frühen Kolonialisierungsphase bekleideten viele Geistliche außer klerikalen auch politische Ämter, etwa als Stadträte oder Richter. Zudem verkörperten Bischöfe und Missionare in einzelnen indigenen Gemeinden die spanische Autorität stärker als die weltlichen Amtleute. Einzelne Konquistadoren gaben ihre Encomiendas überdies auf und traten selbst in ein Kloster ein. So lässt sich zwischen weltlichem und geistlichem Konquistador teilweise kaum unterscheiden.

In Ausnahmefällen zogen Missionare sogar als Pioniere voran und drangen zum Beispiel in Paraguay oder im Süden der USA zu Bevölkerungsgruppen vor, die dem Zugriff der Konquistadoren bis dahin entgangen waren. Der Franziskanermönch

Marcos de Niza berichtete 1539 Vizekönig Mendoza vom angeblich bevölkerungsreichen Handelszentrum Cíbola nördlich des bis dahin neuspanischen Gebietes im heutigen New Mexico. Von März bis August hatte der Franziskaner mit einer Gruppe indigener Gefolgsleute und dem Mauren Esteban «Estevanico» Dorantes, der mit Cabeza de Vaca die Odyssee von Texas nach Mexiko überlebt hatte, nach wohlhabenden Städten im Norden gesucht. Nizas Bericht erinnerte an die sagenhaften Sieben Städte von Cíbola und Quivira, die in zeitgenössischer Ritterliteratur Verbreitung fanden. Darüber hinaus bewirkte er die Expeditionen von Francisco Vázquez de Coronado und Fernando de Alarcón. Letzterer segelte 1540 entlang der Küste, während Vázquez de Coronado von Niza über die indigenen Handelsrouten zu den Zuni und Hopi geführt wurde. Dort sah die Gruppe der über 400 Konquistadoren ihre Erwartungen reicher Städte enttäuscht, sodass sich Niza gegen den Vorwurf verteidigen musste, Lügen verbreitet zu haben. Die falschen Vorstellungen entstammten aber größtenteils nicht Nizas Bericht, sondern den Gerüchten und Assoziationen, die dieser ausgelöst hatte. Während Niza die Konquistadoren zu den Indios führte, bemühten sich andere Geistliche, die Indios vor den Spaniern zu schützen.

Vereinzelt versuchten Missionare auch, mit den indigenen Bewohnern religiöse Utopien zu realisieren. So wollten die Franziskaner zum Beispiel in Mexiko eine Theokratie errichten: Allen voran bat Toribio de Benavente «Motolinía» 1555 Karl V. darum, als «Oberhaupt und Anführer» das «fünfte Reich von Jesus Christus» in der Neuen Welt auszubreiten. Jerónimo de Mendieta (gest. 1604) schlug vor, den Mönchen die Aufsicht über die indigene Bevölkerung zu übertragen, was im heutigen Kalifornien auch umgesetzt wurde. Die Jesuiten taten dies schon länger in sogenannten *aldeias* in Brasilien oder den Reduktionen (*reducciones de indios*) im spanischen Teil Südamerikas sowie im Norden des heutigen Mexiko.

Akzeptiert oder zumindest geduldet wurden die Missionare von den Einheimischen nicht wegen der Heilsverkündung, sondern weil die Geistlichen ihnen halfen, sich gegen den gewaltsamen Zugriff der Konquistadoren, Kolonisten und Menschenjäger zu wehren. Inspiriert von Thomas Morus' *Utopia* von 1516 gründete der Richter und später als Beschützer der Indios gepriesene Vasco de Quiroga in den 1530er Jahren unautorisiert zwei utopische «Hospital-Republiken» in Mexiko. Auch Bartolomé de las Casas experimentierte zuerst in Venezuela, dann in Guatemala (erfolglos) mit utopischen Lebensformen zur Christianisierung und «Zivilisierung». Dabei wandelte sich allerdings der anfängliche Missionsoptimismus, der in gemeinsamen Lebensformen von Spaniern und indigener Bevölkerung die Lösung sah, hin zur räumlichen Absonderung (*segregación*) und gar Umsiedlung der Indios in neue Gemeinden (*congregaciones*) oder Schutzgebiete (*reducciones*). Nachhaltiger wirkten indes Klöster (*conventos*) und Kollege (*colegios*), die die Ordensbrüder gründeten und in die sie Indios aufnahmen.

Als Erzieher, Übersetzer und Chronisten trugen die Geistlichen vor allem *nach* den Eroberungen zur mittel- bis langfristigen Etablierung der spanischen Kolonialherrschaft bei. Der Franziskaner Pedro de Gante zum Beispiel kam 1523 nach Mexiko-Stadt und gründete im benachbarten Tlatelolco die erste Schule und das erste Kloster, deren Aufgabe es sein sollte, die Söhne der Nahua-Oberschichten zu indoktrinieren. Die Idee bestand darin, über die Eliten als Katalysatoren die restliche Bevölkerung zu christianisieren. Statt dass man allen Einheimischen Latein beibrachte, studierten die Missionare selbst die lokalen Sprachen und informierten sich über die jeweiligen Religionen. So entstanden Wörterbücher, indigene Grammatiken, hybride Chroniken oder Katechismen in mesoamerikanischen Piktogrammen: Der Franziskaner Alonso de Molina legte 1555 beispielsweise das erste Wörterbuch für Spanisch und Nahuatl vor. In Peru erstellte der Dominikaner Domingo de Santo Tomás 1560 das erste Lexikon sowie die erste Grammatik für Quechua, und der Franziskaner Jerónimo de Oré verfasste 1590 den ersten Katechismus auf Quechua. Der Jesuit José de Acosta (gest. 1600) berichtete von den vielen Sprachen in Peru, die die Missionare nicht beherrschten und deshalb via Dolmetscher predigen mussten, ohne zu wissen, wie Konzepte wie etwa die Dreifaltigkeit in den fremden Sprachen vermittelt werden sollten. Quechua wurde deshalb zur offiziellen Sprache ernannt – allerdings mit mäßigem Erfolg. Die Verbindung von Sprache und Eroberung hatte zumindest schon der humanistische Philologe Antonio de Nebrija erkannt, widmete dieser doch 1492 Isabella I. die erste kastilische Grammatik, damit die unterworfenen barbarischen Völker nicht nur die spanischen Gesetze, sondern auch die spanische Sprache übernähmen.

Die indigenen Kulturen wurden von den Geistlichen jedoch nicht nur erforscht und dokumentiert, ein Teil der vorspanischen Geschichtsarchive wurde auch vernichtet, allen voran etliche Maya-Kodizes, die der brutale Inquisitor und Bischof von Yukatan Diego de Landa 1562 verbrennen ließ. Einige Schriftstücke, die Landas Zerstörungswut entkamen, sind im 20. Jahrhundert aufgetaucht und nun unter dem Sammelbegriff *Bücher von Chilam Balam* bekannt. Das Interesse der Missionare für die Geschichte und Kultur der Indigenen diente in der Regel dem Zweck, ihnen das Christentum näherzubringen und sie dadurch zu «zivilisieren».

Dass dies langfristig gesehen größtenteils gelang, auch wenn die traditionellen Religionen im Geheimen oder in synkretistischer Form weiterexistierten, hat verschiedene Gründe: Erstens verloren die vorspanischen Glaubenspraktiken besonders unter den Eliten gegenüber der christlichen Lehre an Bedeutung. Demografisch wurde dies durch die Vermischung der Bevölkerung und den Tod vieler Einheimischer im Zuge der *Conquista* gefördert. Zweitens bedienten die christlichen Glaubensgegenstände auch manche indigene Erwartungen. Erscheinungsbilder wie die Jungfrau von Guadeloupe beispielsweise, die ein Nahua namens Juan Diego Cuauhtlatoatzin gesehen haben wollte, waren ihnen vom Konzept her vertraut und vergleichbar etwa der Erscheinung des Adlers und der Schlange über dem Texcoco-See im Gründungsmythos der Mexica. Drittens setzten sich die Missionare aufgrund der Lehre christlicher Nächstenliebe stärker als die restlichen spanischen Akteure für den Schutz der Indios ein. Das Ziel der sogenannten Zivilisierung und Christianisierung der Bewohner der Neuen Welt ließ sich allerdings, abgesehen von wenigen Ausnahmen, nur im Zuge der Eroberungen umsetzen.

Die christlichen Expansionsbestrebungen waren auf die kolonialen angewiesen. Umgekehrt galt dies in geringerem Maße, standen doch die weltlichen Motive im Verlauf der *Conquista* im Vordergrund. Der Krone ging es primär um die Erschließung von monetären Einnahmequellen (Märkte, Handelswege, Bodenschätze, Steuerzahler, Ämterverkauf etc.), während die einzelnen Akteure nach materieller und sozialer Besserstellung strebten. Für die Kirche und die missionarisch tätigen Orden waren diese Ziele allerdings insofern mit den eigenen vereinbar, als die koloniale Expansion auch die *christliche* Einflusssphäre erweiterte. Neben der Verbreitung des Evangeliums bekam die Kirche ebenfalls materielle Ressourcen zugesprochen und konnte somit neue Ämter vergeben. Auf diese Weise war materieller und sozialer Aufstieg selbst für die Geistlichen möglich. Wer rein spirituelle Ziele verfolgte, erhielt durch die *Conquista* die Gelegenheit, Gott über die Mission Dienste zu erweisen. Zwar war die christliche Mission für die allermeisten eher eine Rechtfertigung als *der* handlungsleitende Grund. Dennoch half der biblische Missionierungsbefehl beziehungsweise der päpstliche Auftrag zur Christianisierung, das koloniale Projekt zu legitimieren. Nicht zuletzt erlaubte es den Kolonialakteuren, ihr Gewissen zu entlasten und zu glauben, sie dienten Gott. Insgesamt wirkten die Geistlichen teils als Motor der *Conquista*, teils als Bremse beziehungsweise als Beschützer der Indios.

«Als regne es Pfeile»: Gescheiterte Expeditionen

Die Mehrheit der Einheimischen in der Neuen Welt empfing die Spanier gastfreundlich. Bestimmte Bevölkerungsgruppen reagierten auf die Fremden allerdings von Anfang an oder kurz nach dem ersten Aufeinandertreffen mit Gewalt oder Gegengewalt. In der Regel wurde dieser Widerstand von den Konquistadoren als «Aufstand» (*rebelión*) bezeichnet. Dadurch wurde suggeriert, dass sich die indigene Bevölkerung gegen die angeblich vorhandene Herrschaft der Spanier aufgelehnt hätte, womit die Gewalt der Konquistadoren als «gerechter Krieg» galt und diese die «rebellischen Indios» versklaven durften. Eigentlich müsste man aber statt von «Aufständen» von «Kriegen» sprechen, denn die lokale Bevölkerung rebellierte nicht, sondern verteidigte sich gegen die spanisch-indigenen Invasoren. Das ist für Einzelfälle wie den «Krieg von Mixtón» und die «Kriege von Chichimecas» bereits erkannt worden. An diesen und weiteren Beispielen aus Nord- und Südamerika lässt sich zeigen, wie es zum Scheitern einer Entrada kommen konnte. Die Darstellung muss sich dabei in Ermangelung von Berichten der nicht bezwungenen Indios ausschließlich auf spanische Quellen stützen.

Die spanisch-indigene Allianz unter Nuño Beltrán de Guzmán hatte 1531 Neugalicien, das Gebiet des heutigen Colima, Jalisco, Nayarit und Zacatecas in Mexiko, mit brutalem Terror unterworfen. Als die Expedition von Francisco Vázquez de Coronado (1540–1542) in den Südwesten der heutigen USA viele Konquistadoren aus Neugalicien abzog, kam es zum Krieg von Mixtón (1540–1542). Erst ein Großaufgebot von mehreren zehntausend Alliierten und rund 450 Spaniern unter Vizekönig Antonio de Mendoza vermochte die teils sesshaften, teils halbnomadischen Chichimeca-Gruppen Caxcanes und Zacatecos zu besiegen. Allerdings blieb die Gegend nur für kurze Zeit befriedet. Einheimische führten die Konquistadoren zu großen Silbervorkommen, worauf die Spanier dort die Siedlung Zacatecas gründeten, die nomadischen und halbnomadischen Gruppen der Chichimeca trotz königlichen Verbots versklavten und sie zur Minenarbeit zwangen. Dagegen wehrten sich die Jäger und Sammler mit *Hit-and-run*-Angriffen auf die spanischen Siedlungen und Handelstransporte. Gegen ihre hochmobile Guerillataktik mit Pfeil und Bogen blieben die Konquistadoren chancenlos. Um diesen als «Krieg von Chichimecas» (1550–1590) bekannten Konflikt zu beenden, mussten sich die Kolonisten den Frieden gewissermaßen erkaufen. Sie machten der einheimischen Bevölkerung Geschenke (Nahrungsmittel, Textilwaren etc.) und entsandten christianisierte indigene Missionare (vor allem Tlaxcalteken) als Vermittler. Einzelne Chichimeca-Gruppen wie die Wixárikas (auch Huicholes) und Guachichil attackierten die Spanier weiterhin und versteckten sich in den Bergen oder der Wüste. In etlichen anderen Gebieten wie Florida oder Vilcabamba widersetzten sich die Einheimischen ebenfalls der Unterjochung durch die Konquistadoren und der Versklavung oder der Zwangsarbeit in den Encomiendas. Besonders diejenigen, die nicht sesshaft waren, ließen sich aufgrund ihrer Mobilität nur schwer bekämpfen und unterwerfen.

In diesem Zusammenhang waren vor allem die zu den Mapuche – von den Spaniern «Araukaner» genannt – zählenden Gruppen im heutigen Chile und im Grenzgebiet Argentiniens erfolgreich. Die dazu gehörenden Pewenche (auch Pehuenche) lebten als Halbnomaden in der Andenregion südlich von Santiago und Mendoza. Nur die im Norden dieses Gebietes beheimateten Pikunche waren von den Inka erobert und zu Tributarbeit gezwungen worden. Die Wilhuiche weiter im Süden ernährten sich noch bis kurz vor Ankunft der Konquistadoren als Jäger und Sammler sowie mit beschränktem Gartenbau. Bald übernahmen sie indes Pferde- und Viehzucht sowie den Ackerbau von den Spaniern. Ihr Land teilten sie jedoch als Gemeindegut und sie kannten weder eine straffe Herrschaftsstruktur noch eine zentrale Gottesfigur. Das erschwerte den Zugriff für die Konquistadoren genauso wie für die Missionare. Sesshafte Gruppen mit stark hierarchischer Gesellschaftsordnung ließen sich einfacher beziehungsweise «nachhaltiger» erobern. Aufgrund ihrer Immobilität konnten die Spanier sie leichter kontrollieren und gegebenenfalls über ein einzelnes Oberhaupt eine ganze Volksgruppe beherrschen sowie bereits bestehende Tribut- oder (Zwangs-)Arbeitssysteme besser ausbeuten.

Meistens kollaborierten oder kooperierten dabei lokale Oberhäupter oder deren interne Rivalen. Die Mapuche hingegen traten den Konquistadoren, die sie «huinca» (= neue Inka) nannten, weitgehend geeint und feindlich entgegen. Die Strategie des «Teilen und Herrschen» (*divide et impera*) funktionierte in diesem Fall nicht, weil sich für die Spanier unter den Mapuche keine Bündnispartner anboten. Diego de Almagro hatte 1535–

1537 einen gescheiterten Eroberungszug nach Chile unternommen. 1540 folgte – in Pizarros Auftrag – Pedro de Valdivia, der 1541 Santiago gründete und deshalb heute als Eroberer Chiles gilt. Das trifft jedoch nur auf die nördliche Hälfte des Landes zu, denn bei Tucapel östlich von Concepción wurde er 1553 von den Mapuche besiegt und getötet. Diese stahlen den Spaniern gezielt Pferde und Waffen und entwickelten daraufhin eine effektive Plünderungstaktik, die als «malón» (auch *maloca* = Überraschungsangriff zu Pferd) gar einen eigenen Begriff hervorrief. Über ein Jahrhundert dauerten die «Kriege von Arauco» (ab 1536), bis im ersten von einer Reihe von Friedensschlüssen das Territorium der Mapuche (La Araucanía) von der spanischen Krone anerkannt wurde (Parlamento de Quilín 1641). Allerdings bedeutete dies keinen langfristigen Frieden und trotz gegenseitiger Attacken behaupteten die Mapuche ihre Autonomie südlich des Flusses Bío Bío über die Kolonialzeit hinaus. Erst Ende des 19. Jahrhunderts unterlagen sie den chilenischen und argentinischen Armeen. Über den unerbittlichen Widerstand verfasste schon der Konquistador Alonso de Ercilla y Zúñiga das dreibändige Versepos *La Araucana* (1569, 1578, 1589). Wie die Chichimeca-Gruppen profitierten die Mapuche-Stämme von ihrer Mobilität, sie gingen indes mit den Konquistadoren keine Allianzen ein. Für die Spanier bot ihr Land im Hinblick auf Bodenschätze aber auch weniger Anreize.

In Florida konnten die Konquistadoren lange nicht Fuß fassen, weil sie einerseits ähnlich wie in Chile von den Einheimischen vertrieben wurden, andererseits weil sie auch hier weder Gold und Silber noch Gesellschaftsstrukturen vorfanden, deren Arbeits- und Tributsysteme sie hätten übernehmen können. Kurz gesagt, es fehlte an den gewünschten Einnahmequellen. Der Gouverneur von San Juan (= Puerto Rico) Juan Ponce de León segelte 1513 acht Monate lang die Ost- und Südwestküste von «La Florida» entlang. Er nannte es so, weil seine Ankunft auf das Osterfest (*Pascua Florida*) fiel. 1521 unternahm er mit über 200 Leuten den ersten Kolonisierungsversuch, der aber am kriegerischen Widerstand der Calusa-Indianer scheiterte. Von Pfeilen verletzt, starb Ponce de León auf dem Rückweg in Havanna. Spätere Chronisten dichteten ihm an, er habe nach dem Jungbrunnen gesucht, was zeitgenössische Quellen indes nicht bestätigen.

Die nächste Expedition nach Florida wurde von Pánfilo de Narváez, dem früheren Rivalen von Cortés, lanciert. Nachdem die Flotte 1527 von Spanien beziehungsweise nach einem Zwischenhalt 1528 von Hispaniola aus gestartet war, landete er mit mindestens 500 Mann nahe des heutigen Tampa Bay. Weil sie dort kein Gold fanden, folgten sie dem Hinweis der Einheimischen, dass im Norden die goldreiche Siedlung Apalache liege. Während des mehrwöchigen Marsches durch Sümpfe wurden sie immer wieder von Indios attackiert, sie litten Hunger und viele erkrankten. In Apalache angekommen, fanden sie kein Gold, dafür aber kampfstarke Apalachee-Krieger, von denen sie zurückgeschlagen wurden. Durch ein weiteres Sumpfgebiet gelangten sie an die Küste, wo sie von den Bewohnern von Aute angegriffen wurden, nachdem sie versucht hatten, deren Lebensmittel zu stehlen. Auf behelfsmäßig gezimmerten Booten mussten sie auf das Meer hinaus fliehen, waren sie doch von den Seeleuten, die mit Narváez' Schiffen ebenfalls nordwärts gefahren waren, aufgegeben worden. Wie zu erwarten erlitten die improvisierten Boote Schiffbruch, und während Narváez auf See verschwand, erreichten nur rund 80 Spanier lebend die texanische Küste. Von diesen gelangten, wie oben erwähnt, wiederum lediglich Cabeza de Vaca und drei weitere Überlebende Jahre später nach Mexiko-Stadt. Juan Ortíz war als fünfter mit dem Leben davongekommen, allerdings als Sklave der Apalachee. 1539 konnte er sich Hernando de Soto anschließen, dem er als Dolmetscher und Ortskundiger diente. Dieser Expedition war bekanntlich ein ähnliches Schicksal beschert wie jener von Narváez.

Ein weiterer Besiedlungsversuch mit rund 1500 Leuten unter Tristán de Luna y Arellano im Sommer 1559 in der Bucht von Ochuse (= Pensacola) ganz im Westen Floridas scheiterte nicht nur an der unwirtlichen, goldlosen und unbevölkerten Gegend, sondern in erster Linie an einem Hurrikan, durch den sieben der elf Schiffe zerstört wurden, bevor diese entladen waren. Manchmal entschieden also schlicht klimatische und meteorologische Begebenheiten den Ausgang eines Unternehmens. Für den spanischen Misserfolg in Florida aber war vor allem der Umstand verantwortlich, dass es nicht gelang, mit den Einheimischen stabile friedliche Beziehungen oder gar Allianzen aufzubauen. Außerdem fehlte sowohl der nötige Nachschub als auch das erhoffte Gold beziehungsweise eine ausreichende Einnahmemöglichkeit, um die Gegend zu erobern. Florida war für die Konquistadoren daher höchstens als Pufferzone gegen die im Norden eintreffenden Engländer und Franzosen von Bedeutung. Deshalb wurde schließlich 1565 an der Ostküste die Festung St. Augustine gegründet.

Eine von Cortés angeordnete Expedition nach Baja California zeigt ebenfalls, dass die Konquistadoren ohne lokale Einnahmequelle kaum in den neuen Gebieten zu halten waren. Da sich die wenigen einheimischen Bewohner durch Jagd und Fischfang sowie angeblich «von Schlangen und anderem Ungeziefer» ernährten, kehrten die Teilnehmer zurück nach Mexiko-Stadt. Ein weiteres Beispiel liefern die Fugger, die aus Mangel an potenziellen Einnahmequellen ein Unternehmen im Süden Chiles, wozu ihnen die Krone eine Kapitulation erteilt hatte, schließlich gar nicht erst umsetzten. Außerdem konnten Logistik und topografische Zugänglichkeit für eine Entrada ausschlaggebend sein. Wenn die Versorgung nicht über die lokalen Indios funktionierte, musste der Nachschub zur Verstärkung der kleinen spanischen Kontingente gewährleistet sein. Wo weder auf lokale Handelsrouten, Transport- noch Kommunikationswege oder Märkte zurückgegriffen werden konnte, taten sich die Konquistadoren sehr schwer.

Gonzalo Pizarro zog im Auftrag seines Halbbruders Francisco Pizarro 1540 von Cuzco nach Quito und von dort die Anden hinab, um im Regenwald unter anderem Gold und Zimt zu suchen. Schon auf dem Weg nach Quito wäre das Unterfangen beinahe an kleineren Zusammenstößen mit Indigenen gescheitert. In Quito konnten sich die 240 bis 350 Spanier und die circa 4000 alliierten Inka erneut ausrüsten, bevor sie Richtung Osten zum Fluss Coca gelangten und dort ein Boot bauten. Als ihnen die Lebensmittelvorräte ausgingen und sie im Urwald keine Bewohner fanden, die sie verpflegt hätten, erhielt einer der Anführer, Francisco de Orellana, die Erlaubnis, mit 57 Mann auf der Brigantine nach Nahrung zu suchen. Nachdem sie zwei Monate den Fluss abwärts getrieben waren, «entdeckten» sie einen größeren Strom. Aufgrund ihrer Erzählungen über weibliche Kriegerinnen in der Gegend wurde dem Fluss der Name «Amazonas» in Anlehnung an den griechischen Mythos gegeben. Insgesamt brauchten sie 244 Tage bis zum Nordmeer (= Atlantik), wovon sie 147 am Ufer verbrachten, unter anderem um ein zweites Boot zu bauen. Entlang der Atlantikküste segelten sie nach Cubagua (Venezuela), wo sie in spanisches Territorium zurückkehrten.

Während sich Orellana wie Cortés von seinen Leuten zum Gouverneur wählen und seine Verdienste bezeugen ließ, verfasste Pizarro Anschuldigungsschreiben gegen den mutmaßlich abtrünnigen Anführer Orellana. Aus diesen Dokumenten sowie aus der Chronik (*Relación*) des Bruders Gaspar de Carvajal geht der Expeditionsverlauf detailliert hervor. So beschrieb Carvajal, wie sie eines Tages bei einem Landungsversuch von so vielen kriegerischen Indios vom Ufer aus beschossen wurden, dass «es schien, als regne es Pfeile». Zimt und Gold hingegen fand weder Orellana noch Gonzalo Pizarro, der mit weniger als 80 Spaniern und angeblich unter 1000 Indigenen hungernd und erfolglos nach Lima zurückkehrte. Orellana erbat sich in Spanien von der Krone die Genehmigung für eine zweite Unternehmung zur Amazonas-Mündung (1545–1546), wo er Gouverneur von Neuandalusien werden sollte. Aber statt die mit der Krone vereinbarten zwei Siedlungen zu gründen, kämpfte er mit seinen Gefolgsleuten gegen Hunger, Krankheit und lokale Indios. Von den rund 300 Mann desertierten oder starben circa sechs Siebtel, auch Orellana kam um. Die Überlebenden retteten sich nach Venezuela. Weil der Widerstand der Indios am Amazonas überwältigend war, weder die interne Kommunikation noch der Nachschub funktionierte und die Spanier keine Einnahmequellen fanden, führte auch diese Expedition zu keinen Eroberungen.

In der Konsequenz darf man sich die spanische Kolonialherrschaft nicht als flächendeckend über das ganze heute spanischsprachige Gebiet Lateinamerikas sowie des Südens und Westens der USA vorstellen. Über das Einzugsgebiet des Amazonas hinaus blieb der tropische und subtropische Binnenraum, in dem vor allem Nomaden und Halbnomaden lebten, weitgehend autonom. Die spanische Herrschaft war gebietsweise sogar nur punktuell auf gewisse Ortschaften begrenzt. In erster Linie wurden die Provinzhauptstädte von den Spaniern besiedelt, die den Schätzungen des königlichen Geografen López de Velasco zufolge um 1570 rund 25 000 Haushalte in der Neuen Welt führten. Das heißt, dass die Konquistadoren nicht einfach Spanisch-Amerika eroberten, sondern sich jeweils mit lokalen Eliten arrangierten, woraus sich im Laufe der Kolonialzeit eine mestizisch-kreolische Oberschicht entwickelte.

5. Zwischen Glorifizierung und Diffamierung: Das Konquistadorenbild in der Historiografie

Die Geschichtsschreibung zur *Conquista* ist so alt und kontrovers wie der Eroberungsvorgang selbst. Dass die Konquistadoren ihre Taten als möglichst große Dienste und sich selbst als äußerst verdienstvoll präsentierten, verwundert kaum. Die Darstellungen von Eroberungen erfüllten zudem stets eine okkupatorische Funktion. Cortés' itinerarische Beschreibung der Orte und ihrer Bewohner in seinen vier Briefen an Karl V. grenzte den Raum nicht nur ein und schrieb ihn dauerhaft fest, sondern war ein notwendiger Akt, um die Eroberungsleistung nachträglich zu sichern. Diese Strategie wandte bereits Julius Caesar mit seinen Schilderungen des Gallischen Kriegs an, als er – ebenfalls ohne entsprechendes Mandat des Senats – Provinzen nördlich der Alpen einnahm. Etwas überspitzt könnte man sagen, Cortés und sein Gefolge haben die Eroberung Mexikos als solche erfunden.

Neben der Selbstinszenierung der Konquistadoren gab es noch zwei weitere Perspektiven: Die eine nahmen die indigenen Eliten ein, die die *Conquista* nicht ausschließlich als Invasion sahen, sondern ihre Erzähllogik stark der spanischen Gnadenökonomie anpassten. Die andere Sichtweise wurde von den moralischen Gegnern der Konquistadoren – den spanischen Geistlichen – eingenommen und dann besonders in den protestantischen Ländern aufgegriffen. Diese diffamierende «Polemik» versuchten die *Conquista*-Befürworter als «Schwarze Legende» (*leyenda negra*) zu diskreditieren. Ihre apologetischen Chroniken verbreiteten fortan eine «Weiße Legende» (*leyenda blanca*). In der Konsequenz sind die Bilder der Akteure in Geschichtsbüchern, Film und Literatur bis heute geprägt von Propaganda. Oft werden die Spanier einseitig entweder als Helden oder Halsabschneider gesehen. Es bedarf deshalb eines genauen

Blicks darauf, wie die Konquistadoren im Laufe der Geschichte inszeniert und gedeutet worden sind. Zudem soll abschließend der Überlegenheitsdiskurs revidiert und die Gründe für den Ausgang der *Conquista* festgehalten werden.

«Grausame Bestien» oder «die größten Männer ihrer Zeit»? Die Konquistadoren in den Augen der Zeitgenossen

Das Porträt, das die Konquistadoren von sich selbst und gegebenenfalls von ihren Mitstreitern zeichneten, muss stets im Rahmen der Gnadenökonomie betrachtet werden. Um die eigenen Taten hervorzuheben, erwähnten sie die Beiträge der anderen *compañeros* und der indigenen Allianzen meist nur dann, wenn dies die eigene Leistung verstärkte oder legitimierte. So behauptete beispielsweise Francisco Rodríguez Magariño, dass ihn Cortés für den Angriff auf Tepeaca zum Anführer von 100000 Nahua-Kriegern gemacht habe. Die exorbitante Zahl wurde zwar von Zeugen relativiert, die Aussage hält indes dennoch die Sonderrolle als Anführer fest. Cortés' Briefe verdeutlichen dieses Phänomen der Selbstinszenierung (*self-fashioning*: Rolena Adorno, Robert Folger). Da er kein offizielles Mandat hatte, musste Cortés seine Handlungen gegenüber dem König den kastilischen Bräuchen und Gesetzen entsprechend präsentieren. Deshalb hob er in den Schreiben seine Taten als unermesslichen Dienst an der Krone hervor, sodass dem König nichts anderes übrig blieb, als diese Leistungen zu prämieren. Seine Sonderstellung demonstrierte Cortés überdies dadurch, dass er für den König die Feldschlange El Fénix aus Silber anfertigen ließ. In der darin eingravierten Widmung behauptete er: «Diese [Kanone] ist einzigartig (geboren) / Ich diene Ihnen wie kein Zweiter / Sie [Karl V. sind] ohnegleichen in der Welt.» Wer solcher Rhetorik folgt, kann – wie der britische Historiker Hugh Thomas – auch 500 Jahre später leicht zu dem Befund kommen, Cortés, Pizarro und Karl V. seien «die größten Männer ihrer Zeit» gewesen. Welche Punkte in der Quellensprache gilt es also noch zu berücksichtigen, und wie formten die Interessen der Autoren das heutige Bild der Konquistadoren?

Im Vorfeld einer Eroberungsexpedition wird in den Berichten von den Reichtümern der Länder geschwärmt und eine rasche und erfolgreiche Unterwerfung suggeriert. Schon kurz nachdem sie mit ihren Schiffen an der Küste – bei der angeblich «Reichen Stadt des wahren Kreuzes» (Veracruz) – angelangt waren, behaupteten Cortés und seine Interessenvertreter, «das ganze oder den Großteil» des Landes (Mexiko), das sie als «Insel» bezeichneten, bereits erobert zu haben. Die Krone bräuchte ihnen daher nur gewisse Privilegien für die «Befriedung» zuzusprechen. Dies würde dem König und dem Gemeinwohl dienen, den Ruhm der spanischen Krone «vermehren» (*aumentar*) und die Einheimischen ehren. Nach dem Abschluss einer Expedition verströmten die Berichte hingegen Ernüchterung. Die eroberten Gebiete und ihre Bewohner erschienen nun sehr unproduktiv und brachten kaum Erträge ein. Außerdem sei ihre Unterwerfung viel aufwendiger, kostspieliger und gefährlicher gewesen, als anfangs vorgegeben. Die unterschiedlichen Darstellungen weisen auf enttäuschte Erwartungen und die narrativen Strategien hin, die im Kontext der Gnadenökonomie jeweils auf diverse Privilegien von der Krone abzielten. Zu Beginn warb man um die Erlaubnis und entsprechenden Befugnisse für die Expedition. Hinterher erhoffte man sich weitere Unterstützung in Form von Renten, besseren Encomiendas und anderen Sonderrechten. Dazu wurde eine möglichst große Diskrepanz zwischen den Lebensbedingungen und dem «verdienstvollen» Status des Konquistadors behauptet. Vor dem Hintergrund der Verteilungsgerechtigkeit erhöhte das den Druck auf die Krone, den Missstand zu beheben.

Um den öffentlichen Druck auf den König und die Patrons zu erhöhen, wurden die Briefe (*cartas*) und Berichte (*relaciones*) von bessergestellten Eroberern veröffentlicht. Pedro de Alvarado beispielsweise publizierte als Anführer des *Conquista*-Zugs nach Guatemala seine Briefe an Cortés. Damit beeinflussten die Konquistadoren das Bild von sich und ihren Taten nicht nur im Indienrat und beim König, sondern auch bei der ganzen höfischen Gesellschaft und den mit dieser in Verbindung stehenden Eliten. Ihre Schriften prägten die spätere Geschichtsschreibung als Berichte aus erster Hand. Wie erwähnt wurden Cortés' *cartas de relación* an den König in mehreren Sprachen in Europa gedruckt und verkauft. Diese Briefe (1519–1526) bildeten nach der schriftlichen Botschaft von Kolumbus an Luis de Santángel die frühesten umfangreicheren Berichte aus der Neuen Welt.

Schon Pietro Martire d'Anghiera griff für die Erzählung der Eroberung Mexikos in *De Orbe Novo Decades Octo* auf sie zurück. Er beschäftigte sich unter anderem als Kronbeamter im Indienrat intensiv mit Spanisch-Amerika. In seinen als *Décadas* bekannten Schilderungen, die ab 1504 in unterschiedlichen Ausschnitten und Sprachen publiziert wurden, beschrieb er die indigene Bevölkerung als edle Wilde *avant la lettre*. Die Einschätzung der Einheimischen als zivilisationsferne und daher unverdorbene Naturmenschen zeugt von der Grundsatzdebatte, ob die Indios vernunftbegabt waren und christianisiert werden konnten oder versklavt werden durften. Gonzalo Fernández de Oviedo y Valdés kritisierte am Verfasser der *Décadas*, Martire d'Anghiera, dass er zu den «trockenfüßigen» Chronisten gehörte, das heißt selbst nie in der Neuen Welt gewesen war und sich deshalb auf Zeugenaussagen stützen musste. Oviedo hingegen hatte sich an der Kolonisierung als königlicher Aufseher beteiligt und schrieb als offizieller *cronista de indias* während der ersten Hälfte des 16. Jahrhunderts die zweiteilige *Historia general y natural de las Indias, islas y tierra firme del mar océano*. Eine zusammengefasste Vorschau mit dem Titel *Sumario de la natural historia de las Indias* (1526) widmete er König Karl V. Der gesamte erste Teil erschien 1535, die Publikation des zweiten Teils wurde jedoch durch den Tod des Autors 1557 unterbrochen, erst 1851–1855 veröffentlichte die spanische Real Academia de Historia das Gesamtwerk. Oviedo erzählte die Ereignisse von 1492–1549 und bezeichnete die amerikanische Bevölkerung als degeneriert.

Francisco López de Gómara, Cortés' Kaplan während der späten Expedition nach Algiers, verfasste das Werk *Hispania Victrix: Primera y segunda parte de la historia general de las Indias* (1552). Im zweiten Teil dieser Chronik behandelte er die *Conquista* Neuspaniens, wobei er sich auf Cortés' Briefe und mündliche Berichte stützte. López de Gómara rechtfertigte dessen Handeln und präsentierte ihn als genialen Militärstrategen und frommen Christen, der Mexiko quasi im Alleingang eroberte. Scheinbar wegen der historischen Fehler verbot der Indienrat 1553 den Druck des Werks. Um die heroisierende, auf Cortés zentrierte Darstellung zu korrigieren, schrieb der ehemalige Konquistador Bernal Díaz del Castillo seine *Wahrhafte Geschichte der Eroberung von Neuspanien*. Sie wurde circa 1568 fertiggestellt, aber erst postum 1632 veröffentlicht und betonte den Beitrag der Gesamtheit der Konquistadoren. Der Reiz der detailreichen Chronik gründet besonders in der Perspektive «von unten», von einem gemeinen Konquistador. Dennoch weist sie viele Gemeinsamkeiten mit seinen Dienst- und Verdienstberichten auf und ist in eben diesem Kontext zu verorten. Zu berücksichtigen bleibt des Weiteren, dass diese Quelle erst 30 bis 50 Jahre nach den erzählten Ereignissen aufgeschrieben wurde.

Eine teilweise andere Sicht lieferten die Schriften, die auf indigene Autoren und Helfer zurückgingen und zum einen aufgrund der Informationssammlungen der Missionare, zum anderen durch Petitionen der indigenen Eliten überliefert sind. In Neuspanien studierten besonders die Franziskaner und Dominikaner die Indios und deren Umwelt. Der Franziskaner Jerónimo de Alcalá (*Relación de Michoacán*) verfasste um 1540 im Auftrag des ersten Vizekönigs Antonio de Mendoza einen Bericht über die Kultur des vorspanischen Reichs der Purépecha bis zur Eroberung. Bernardino de Sahagún stellte auf Veranlassung des Franziskanerordens von 1547–1569 mit Nahuatl-Schreibern und Künstlern ein Kompendium zur Geschichte, Kultur und Gesellschaft der Nahua zusammen (*Historia general de las cosas de Nueva España*). Das zweisprachige zwölfbändige Werk enthält eine der frühesten Darstellungen der *Conquista* aus indigener Sicht. Aufgrund eines Druckverbots wurde es aber erst im 20. Jahrhundert veröffentlicht. Heute zählt es zum UNESCO-Welterbe. Neben Studien zu den Riten und Göttern sowie zum Kalender der Nahua verfasste der Dominikaner Diego Durán, der sich Nahuatl angeeignet hatte, 1581 ein Buch zu ihren Bräuchen und Traditionen sowie über die Eroberungsgeschichte (*Historia de las Indias de N[ueva España] Y islas y tierra firme*). Er stützte sich dazu auf eine unbekannte «Historia» auf Nahuatl und auf den Bericht des ehemaligen Konquistadors Francisco de Aguilar. Das Original ist verschwunden, als *Códice Durán* ist lediglich eine ähnliche Handschrift bekannt.

Selbstständige Autoren der Nahua und Maya wie etwa Hernando de Alvarado Tezozómoc (gest. um 1610) oder Domingo Chimalpahin (gest. um 1660) knüpften an die Historiografie der Spanier an und hielten ihre eigenen *Crónicas* und *Relaciones* dagegen. Rund 30 indigene Kodizes sind überliefert, von denen vermutlich 14 aus vorspanischer Zeit stammen und mesoamerikanische Piktogramme enthalten. Die Bilderschriften fanden weiterhin Verwendung, wurden aber durch spanische und Nahuatl-Begriffe in lateinischer Schrift ergänzt. Auf diese Weise entstanden vorübergehend hybride Dokumente. Wie auch diejenigen der Missionare enthielten diese keine rein indigene Perspektive. Die Übersetzungen brachten inhaltliche Interpretationen und Anpassungen mit sich, wobei das Textgenre und die Herrschaft der Spanier die Erzählungen ebenfalls beeinflussten. So berichtete beispielsweise Mazatzin Moctezuma, der Herr von Tepexi de la Seda, der Krone, wie er sich 1520 mit Cortés verbündet habe und für diesen eigenständig die Provinzen Puebla und Mixteca erobert habe. Dabei verschwieg er allerdings, dass bereits sein Vater diese Gegenden für den Aztekischen Dreibund unterworfen hatte und er selbst sie nun für die Spanier nur symbolisch «eroberte». Mazatzin passte seine Formulierungen somit dem kastilischen Supplikationsgenre und der Tatsache an, dass die Konquistadoren die neuen Herrscher waren. Die Machtverhältnisse, Form und Sprache prägten demnach selbst die indigene Geschichtsschreibung.

In Südamerika hingegen war die Schrift unbekannt, die Inka benutzten stattdessen ein einzigartiges Knotensystem (*quipu*). Mit der Ankunft der Konquistadoren begann die schriftliche Überlieferung zuerst durch Spanier, dann auch durch Mestizen und Inka. Die ersten Berichte veröffentlichten 1534 Cristóbal de Mena (*La conquista del Perú ...*) und der bereits erwähnte

Francisco de Xerez. Letzterer verfasste wie auch sein Nachfolger als Sekretär von Pizarro, Pedro Sancho de Hoz, die offizielle Chronik der Eroberung Perus. Mena schrieb zwar etwas weniger nüchtern, aber obwohl er zum Lager von Diego de Almagro gehörte, behandelte er auch Pizarro fair. Im Andenraum drehte sich die Kontroverse im Kern um die Frage, wie die spanische Herrschaft zu legitimieren sei: als Fortsetzung der Inka oder als Befreiung von deren «Tyrannei»? Zu den Verfechtern der Kontinuität gehörten allen voran der spanische Schreiber und Quechua-Übersetzer Juan Díez de Betanzos, der mit der Inkaprinzessin Cuxirimay Ocllo liiert war, Pedro Cieza de León (*Crónica del Perú*, erster Teil 1553), der das Kolonialprojekt eher kritisch sah, sowie der Mestize Garcilaso de la Vega, der nach Spanien ging, sich «El Inca» nannte und die Inkaherrscher in humanistischer Manier nach Livius' Beschreibung der römischen Könige stilisierte. Pedro Sarmiento de Gamboa hingegen schrieb unter dem Vizekönig Francisco de Toledo (1568–1581), der den letzten Inkaherrscher hinrichten ließ, und vertrat dementsprechend die Befreiungserzählung. Der vorletzte Inka in Vilcabamba, Titu Cusi Yupanqui, rechtfertigte in seiner zweisprachigen Beschwerde (*Relación de cómo los españoles entraron en Birú* ..., 1570) den Widerstand gegen die spanische Invasion, für die er von Philipp II. erfolglos eine Entschädigung forderte. Der ebenfalls indigene Autor Felipe Guaman Poma de Ayala (auch Waman Puma) verfasste um 1600–1615 die 1189-seitige *Primer Nueva Corónica y Buen Gobierno*. In dieser hybriden Chronik mit fast 400 Zeichnungen (siehe Abb. 3) behauptete Guaman Poma, die Andenbevölkerung stamme vom biblischen Noah ab. Außerdem wandte er die kastilischen Supplikationsstrategien an, wollte er doch mit der Schrift indiofreundlichere Reformen anstoßen. Bereits das Titelbild zeigt Guaman Poma und den Hauptadressat Philipp III. (1598–1621) kniend vor dem Papst. Auch die Autoren der Neuen Welt lernten also rasch, dass die Deutungshoheit über historische Ereignisse ein mächtiges politisches und juristisches Instrument war, um die Gegenwart zu eigenen Gunsten zu gestalten.

Anstoß am Umgang der Spanier mit den Einheimischen in der

Karibik und anschließend auf dem Festland fanden besonders die Geistlichen. Bartolomé de las Casas wurde wie erwähnt zum wortgewandtesten Kritiker. Unter anderem aufgrund seines *Kurzgefassten Berichts von der Verwüstung der Westindischen Länder* (1542, publiziert 1552) erließ Karl V. die Neuen Gesetze zum Schutz der indigenen Bevölkerung. Diese, so Las Casas, seien «die zahmsten Schäfchen», auf die sich die Konquistadoren «unvernünftiger und furioser als skrupelloseste Tiger und tollwütige Wölfe und Löwen» stürzten. Die Indios seien in die Berge geflohen «vor so inhumanen Menschen, so erbarmungslosen und so grausamen Bestien, Ausrottern und Hauptfeinden des menschlichen Geschlechts».

Der Vorwurf, dass die Spanier die Bewohner Amerikas unrechtmäßig unterdrückten, ausbeuteten und töteten, fand vor dem Hintergrund der Glaubenskonflikte besonders außerhalb der Iberischen Halbinsel großes Echo. Seit der Reformation bekämpften sich protestantische und katholische Mächte. Während des Achtzigjährigen Kriegs (1568–1648), in dem sich die späteren Niederlande von der spanischen Herrschaft der Habsburger löste, wurden Las Casas' Texte auf Niederländisch gedruckt und im Dreißigjährigen Krieg (1618–1648) auch auf Deutsch. Bei den niederländischen Calvinisten fiel Las Casas' Kritik auf äußerst fruchtbaren Boden. Sie inspirierte den Lütticher Kupferstecher Theodor de Bry und seine Söhne (*Collectiones peregrinationum*, 1590–1634 sukzessive herausgegeben), die in ihren berühmten Bildern die Konquistadoren als grausame Mörder darstellten (siehe Abb. 7).

Es ging aber um mehr als nur den Glaubenskonflikt. In einem Rechtsgutachten für die Niederländische Ostindienkompanie befand Hugo Grotius (1583–1645), die Meere seien gewissermaßen internationale Gewässer, die niemand als sein Eigentum beanspruchen dürfe. Das untergrub die päpstliche Weltordnung und löste eine Debatte über Freihandel aus. Die spanischen und portugiesischen Handelsmonopole und Hoheitsrechte sollten aufgebrochen werden. Außer den Niederländern waren vor allem Engländer und Franzosen daran interessiert, nun auch eigene Kolonien zu erschließen und die wirtschaftlichen und poli-

Abb. 7 Der Stich von Theodor de Bry zeigt die Spanier als skrupellose Unmenschen, die die Einheimischen grausam verstümmeln, den Hunden zum Fraß vorwerfen oder sie einen Hang hinunterstoßen. Damit bebilderte de Bry die lateinische Übersetzung von Bartolomé de las Casas' Buch *Narratio regionum* ... (1598), in dem die Brutalität der Konquistadoren und Kolonisten kritisiert wird.

tischen Nachteile gegenüber Spanien und Portugal durch den Zugang zu deren Kolonialreiche wettzumachen. Die Einwände gegen die Konquistadoren kamen ihnen daher gelegen.

In Spanien selbst wurde der Vorwurf der Brutalität und Skrupellosigkeit als Schwarze Legende (*leyenda negra*) gebrandmarkt. Die europäische Kritik tat man als antispanische Propaganda ab, Veröffentlichungen zu Angelegenheiten der Neuen Welt mussten künftig vom Indienrat genehmigt werden. Auf Vergehen dagegen stand ab 1558 die Todesstrafe. 1660 schließlich wurde Las Casas' *Brevíssima relación* vom Inquisitionstribunal verboten, weil es dem Ansehen Spaniens schade. Dabei verurteilte der Autor das Kolonialisierungsprojekt nicht an sich,

Abb. 8 Glorifizierendes, fiktives Porträt von Cortés in Prunkrüstung. In seiner rechten Hand hält er den Amtsstab, die linke umfasst das Schwert. Sein Wappen enthält die Markgrafenkrone. Das Bild (hier ein Ausschnitt ohne Beine) eines unbekannten Malers stammt aus dem späten 16. oder dem 17. Jahrhundert und wurde vielfach kopiert.

sondern nur seine gewaltsame Umsetzung durch die Konquistadoren. Stattdessen sollten seiner Meinung nach die (katholischen) Missionare die Träger der Christianisierung sein und die Aufsicht über die eroberte Bevölkerung haben. Die protestantische Kritik enthielt daher in doppelter Hinsicht eine gewisse Ironie: erstens, weil sie die Brutalität in Beziehung zum Katholizismus brachte, und zweitens, weil die eigenen, protestantischen Kolonialreiche ebenfalls gewaltsam entstanden.

Abb. 9 *Ferdinand Cortez* (1529) im *Trachtenbuch* von Christoph Weiditz ist eines der frühesten Bilder von Cortés. Weiditz malte in seinem Trachtenbuch auch die «Indianer», die Cortés Karl V. präsentierte. Beeindruckt notierte er, Cortés habe im Alter von 42 Jahren der kaiserlichen Majestät «karolus dem fünfften darnach gannz Inndiann gewunen».

Auf die Kritik an der Umsetzung der *Conquista* reagierten ihre Befürworter mit zahlreichen Apologien. Zwei exemplarische Rechtfertigungsschriften entsprangen der Feder von Bernardo de Vargas Machuca, der Ende des 16. Jahrhunderts im spanischen Heer in Italien und gegen Aufständische in Kolumbien gedient hatte. In seiner *Defensa de la conquista de las Indias* widersprach er Punkt für Punkt der Kritik von Las Casas: Nicht die Spanier, sondern die Indios seien lasterhaft, verdorben

Abb. 10 Die Schlacht von Otumba von 1520. Das anonyme Ölgemälde aus dem 17. Jahrhundert zeigt Cortés in Ritterrüstung.

und skrupellos, weshalb Gott den christlichen Edelmann Cortés zur Befriedung nach Neuspanien geführt habe. Diese Replik blieb bis 2010 unveröffentlicht, aber 1599 erschien Vargas Machucas *Milicia y descripción de las Indias*, in der er die Konquistadorenkultur idealisierte.

Die spanische Malerei des 17. bis 19. Jahrhunderts unterstützte das positive Bild der Konquistadoren und ihrer Taten. So wurden die Eroberer in Porträts im Stile der Könige und Vizekönige inszeniert, was einen klaren Status- und Autoritätsanspruch symbolisierte (siehe Abb. 8). Die meisten Porträts der großen Konquistadoren sind aber fiktiv, reale Darstellungen hingegen rar. Die mangelnden visuellen Informationen führten zum Beispiel dazu, dass Pizarro in der *Beschreibung Tlaxcalas* des Mestizen Diego Muñoz Camargo genauso aussieht wie Cortés, mit Bart und Pagenschnitt. Von Christoph Weiditz stammen die frühesten halbwegs originalgetreuen Bilder von Cortés. 1529 hatte er auf seiner Reise nach Spanien den 44-

jährigen Eroberer gesehen und eine Medaille mit seinem Kopf sowie ein Ganzkörperporträt in schwarzer Hofkleidung angefertigt (siehe Abb. 9). Die Medaille befindet sich heute im Münzkabinett in Paris und das *Trachtenbuch* mit der Zeichnung im Germanischen Nationalmuseum in Nürnberg. Der Bischof von Nocera Paolo Giovio hatte die prominenten Kriegsherren seiner Zeit um Porträts gebeten, von denen Tobias Stimmer Holzschnittkopien – unter anderem von Cortés – machte, um Giovios 1551 verfasste *Elogia virorum bellica virtute ilustrium* zu illustrieren. Neben den Porträts kamen im 17. Jahrhundert drei weitere Genres der Malerei in Mode, die die *Conquista* glorifizierten: a) *Enconchados* waren Serien von rund 24 Gemälden mit Perlmutterrahmen. b) *Biombos* hießen bemalte faltbare Stellwände. c) Narrative Wandgemälde, die in unterschiedlich umfangreichen Sequenzen die Eroberungen seriell abbildeten. Dabei fällt auf, dass der Schwerpunkt auf militärischen Schlachten lag und die Spanier meist in voller Ritterrüstung und als gut organisierte Armee dargestellt wurden – Illustrationen, die die Rezeption der Eroberer bis heute geprägt haben (siehe Abb. 10).

Das positive Bild der Konquistadoren förderte auch die Krone. Der Sekretär und Chronist von Philipp IV. und Karl II. Antonio de Solís y Rivadeneyra etwa publizierte 1684 die neue offizielle und abermals rechtfertigende Version der Eroberung Mexikos (*Historia de la conquista de México*). Erst ab dem späten 18. Jahrhundert wurden wieder vermehrt Zeitzeugenberichte der *Conquista* verlegt, sogar diejenigen, die lange verboten gewesen waren. Für sein Kompendium früher Chronisten der Neuen Welt (*Colección de historiadores primitivos de las Indias Occidentales*, 1749) erwirkte Andreas González Martial die Aufhebung des Druckverbots von López de Gómaras seit 1553 verbotener *Historia general*. Auch Cortés' Briefe wurden darin erstmals – und in den 1770er Jahren gleich mehrfach – wieder auf Spanisch herausgegeben. Anders als zu Lebzeiten der Konquistadoren musste die Krone nun nicht mehr fürchten, dass einer zu berühmt, bewundert und mächtig werden könnte und womöglich ein eigenes Reich von der Krone abspalten würde.

Zwischen 1809 und 1821 riefen in der Folge der Französischen Revolution (1789) die meisten kreolischen Eliten entlang den Grenzen der *Audiencias* unabhängige Staaten aus. Das spanische Imperium schrumpfte in Übersee auf Kuba, Puerto Rico, Guam und die Philippinen. Im 19. und 20. Jahrhundert bedienten sich die britische und US-amerikanische Historiografie des spanischen Kolonialreichs als rückwärtsgerichtetes, barbarisches Negativbild gegenüber ihren Fortschritt bringenden protestantischen Imperien. Mit der Herausbildung von Nationalstaaten während des 19. Jahrhunderts erinnerte die nationalistische spanische Geschichtsschreibung gerne an die Erfolge ihrer Eroberer. Die *Conquista* wurde als Fortführung der *Reconquista* dargestellt, was aber eher auf der ökonomischen und teils militärischen als auf der politischen und ideologischen Ebene zutraf. Bei der bemühten Verbindung schwang eigentlich bereits ein verzerrtes Bild der *Reconquista* als Kreuzzug mit, obwohl es sich weniger um einen Glaubenskrieg als vielmehr einen Grenzkrieg um Land und Beute handelte. Die also in doppelter Weise irreführende Kontinuität des siegreichen Katholizismus wurde noch im 20. Jahrhundert propagiert. Um sich die Unterstützung der Kirche und der konservativ-katholischen Spanier zu sichern, nannte Francisco Franco den Bürgerkrieg wirkmächtig einen «Kreuzzug». Während und auch noch nach seiner Diktatur galt Kritik an den Konquistadoren als antispanisch.

Im Zuge der Dekolonisationsprozesse verlor das heroisierende Bild der Konquistadoren an Überzeugungskraft. Mit zunehmender Berücksichtigung der indigenen Bewohner bedurfte es neuer Begriffe, die ausgewogener waren und allen Involvierten möglichst gerecht wurden. Außerhalb Spaniens ersetzten die Behörden viele Straßennamen und Denkmäler, die an die Konquistadoren erinnerten – mit Ausnahme von Kolumbus. Anlässlich der Gedenkveranstaltungen zum 500. Jahrestag der Kolumbusfahrt schlug zum Beispiel die mexikanische Regierung vor, statt von «Eroberung» von «Begegnung» (*encuentro*) zu sprechen. Der Terminus suggeriert aber einen etwas zu harmonischen Vorgang. Deshalb empfiehlt es sich, weiterhin das Wort

«*Conquista*» zu verwenden, allerdings im Sinne des gesamten komplexen Aufeinandertreffens von Europa und Amerika.

Kein «europäisches Wunder»: Überlegenheitsdiskurs

Der Konquistador Francisco de Xerez stellte bereits in seiner Chronik von 1534 eine suggestive Frage: Wie konnten «so große Unternehmen von so wenigen gegen so viele erfolgreich sein»? Indem Xerez – wie die meisten seiner Zeitgenossen – das Aufeinandertreffen als für die Spanier äußerst aussichtslos darstellte, erzeugte er ein Narrativ, das die *Conquista* als augenscheinliches Wunder erklärungsbedürftig machte. Seither ist Xerez' Frage in zahlreichen Varianten beantwortet worden, wobei die Europäer insgesamt auf die eine oder andere Art als der restlichen Menschheit überlegen gegolten haben. Diese Erzählweisen halfen mit, das «European miracle» (Eric Jones) oder den sogenannten «Aufstieg des Westens» (William McNeill) zur umfassenden Vorherrschaft über die Welt zu begründen. Sie wurden schon im 19. und frühen 20. Jahrhundert in Rassentheorien der Weißen aufgegriffen und dann verstärkt im Kalten Krieg als Erfolgsmodell propagiert. Nicht zuletzt deshalb ist die Geschichte der Konquistadoren noch heute ein höchst politisches Thema. Von den in der Forschung vorgebrachten Antworten auf Xerez' Frage war aber nur *eine* wirklich entscheidend: die Schifffahrt. Die Tatsache, dass die Europäer über das nötige nautische Wissen verfügten, hochseetaugliche Schiffe bauten und auf ihnen einen Seeweg nach Asien suchten, schuf – wenn auch zufällig – die Grundlage für die *Conquista*. Wie lässt sich aber der weitere Verlauf in der Neuen Welt wissenschaftlich erklären? Und wieso versagen die Argumente europäischer Superiorität?

Schon die Zeitzeugen versuchten, die *Conquista* mit göttlicher Vorhersehung zu begründen, und berichteten vom Eingreifen des rettenden Santiago (St. Jakob) oder der Jungfrau Maria. Sie deuteten die Erscheinungen als Zeichen, dass die Eroberung Gottes Wille sei. Hier liegt aber ein Zirkelschluss vor. Denn es hieß, die Spanier hätten gesiegt, weil Gott es so wollte, und dass Gott es so gewollt habe, zeige sich darin, dass die Spanier siegten. Ein ebensolcher Zirkelschluss liegt dem zweiten Argument zugrunde, dass die Indios Barbaren und folglich minderwertig gewesen seien: Demzufolge hätten die Spanier die indigenen Bewohner Amerikas erobert, weil sie diesen zivilisatorisch überlegen gewesen seien, und sie seien (im Grunde bis heute) überlegen, weil sie im Kampf gegen die einheimische Bevölkerung Amerikas gewonnen hätten.

Das Narrativ der zivilisatorischen Unterlegenheit der Indios wurde in der zweiten Hälfte des 20. Jahrhunderts von jenem der *technologischen* Überlegenheit der Spanier abgelöst. Die Schriftfähigkeit und Militärtechnologie (Geoffrey Parker) scheinen objektiver als die religiösen und moralischen Argumente. Allerdings wurden die kriegerischen Auseinandersetzungen keineswegs alleine durch die Kommunikationsvorteile und spanischen Waffen entschieden. Die Waffen halfen den Konquistadoren lediglich, einzelne Kämpfe zu überleben. Die meisten Einheimischen wurden dabei mit Hilfe der stählernen Schwerter getötet, mehr als etwa durch den Einsatz von Schusswaffen, Pferden oder Kampfhunden. Diese wirkten zwar einschüchternd, aber oft verhinderte das bergige, sumpfige oder waldige Terrain oder das feuchte Klima (nasses Schießpulver) ihren Einsatz. Die Prominenz der Pferde und Waffen in den Zeitzeugenberichten hängt mit der Belohnungslogik zusammen, die ihren Besitzern höhere Beuteanteile und einen distinkten sozialen Status bescherten.

Auch die effektivere Militär*taktik* bietet keine hinreichende Erklärung. Dass die Indigenen im Kampf Gefangene zu Opferzwecken nahmen, statt wie die Spanier ihre Gegner gleich zu töten, macht zwar kriegerisch einen Unterschied, aber es trifft fast nur auf die Blumenkriege zu. Der wohl wichtigere Aspekt gilt für den *Ort* des Aufeinandertreffens: Während die Konquistadoren in der Fremde lediglich ihr Vermögen und Leben verlieren konnten, standen für die dortige Bevölkerung außerdem ihre Familien, ihr Land und ihr Zuhause auf dem Spiel. Daher ließen sie sich schneller auf Kompromisse ein, während die spanischen

Kämpfer unnachgiebig an ihren Zielen festhielten. Für diese hätte ein unvorteilhaftes Einlenken nämlich meist den finanziellen und sozialen Ruin bedeutet.

Dass die autochthonen Bewohner die Spanier für Götter gehalten hätten, geht vermutlich auf ein spanisches interkulturelles Missverständnis zurück. Die Gastfreundschaft, die viele Bevölkerungsgruppen in Amerika Fremden entgegenbrachten, interpretierten die Konquistadoren als Zeichen der Unterwerfung und der Götterverehrung. Sicherlich ermöglichte es dieses Verhalten den Invasoren oft erst, in der Fremde zu überleben, sich dort zu orientieren, zu organisieren und schließlich zu etablieren. Dazu brauchten die Spanier aber keine Götter zu sein. Fremde im Allgemeinen haben den Vorteil, dass sie sich als Außenstehende für die Rolle des Schiedsrichters eignen. So können sie sich in eine Gemeinde oder ein Machtgefüge einbringen und je nach Bedarf Koalitionen bilden. Das ist ein Muster aller europäischen Expansionen: Anfängliche Gastfreundschaft oder lokale Rivalitäten und Fraktionen wurden genutzt, um Kollaborateure zu gewinnen und Allianzen zu schmieden. Selbst für die spätere Durchsetzung des kolonialen Herrschaftsanspruchs brauchten die Europäer indirekte Herrschaftsformen (*indirect rule*), die indigene Eliten an der Macht partizipieren ließen. Weil diese gegenseitigen Abhängigkeiten in den Quellen meistens ausgeblendet werden, hat die unkritische Geschichtsschreibung oft ein verzerrtes Bild vermittelt.

Die indigene Beteiligung ist seit den 1960er Jahren zunehmend aufgearbeitet worden. Dabei wurde den Einheimischen eine eigene Handlungsfähigkeit (Agency) zugesprochen. Dies hat sie zwar aus ihrer vermeintlich passiven Opferrolle geholt, ihnen aber gleichzeitig eine Mitverantwortung an der Etablierung und Aufrechterhaltung des Kolonialreichs übertragen. Ursprünglich entstand dieses Argument im Rahmen der Weißen Legende, mittels derer die Brutalität der Spanier durch jene der Indigenen zu relativieren versucht wurde. Der heute differenziertere Blick zeigt, dass sowohl die Spanier als auch die einheimischen Eliten gemeinsam die lokalen Unterschichten unterdrückten und ausbeuteten. Zu dieser Zusammenarbeit konnte es zum einen aufgrund des Mikropatriotismus der diversen Clans und Stadtstaaten kommen. Die Bewohner Mesoamerikas beispielsweise verstanden sich nicht als Einheit, etwa als Aztekenreich, das von einer kleinen Gruppe spanischer Eindringlinge angegriffen wurde. Im mesoamerikanischen Machtgefüge, das sich je nach geschlossenem Bündnis verschob, tauchte lediglich ein weiterer Player auf, mit dem die Feinde der vorherrschenden Machthaber Allianzen eingingen.

Diese Allianzen mit indigenen Gruppen waren von zentraler Bedeutung für den Erfolg der Spanier, der größtenteils eben nicht nur von Konquistadoren erkämpft oder ausgehandelt wurde. Er beruhte zum einen auf den Rivalitäten innerhalb der Dynastien (wie in Peru) und zwischen den kleinteiligen politischen Einheiten der Stadtstaaten (wie in Yukatan) oder den mittleren Reichen (wie den K'iche' und Kaqchiquel in Guatemala). So erhofften sich zum Beispiel die Herren von Tlaxcala, mit Hilfe der Konquistadoren die regionale Vorherrschaft der Mexica zu übernehmen. Zum anderen gründete der Erfolg auf den spanischen Anreiz- und Belohnungsschemata, die mit jenen der Einheimischen weitgehend kompatibel waren: Aussichten auf a) materielle Bereicherung durch Beute, Sklaven und Tribute sowie auf b) sozialen Aufstieg durch die Verteilung von Privilegien, Ämter- oder Ehrentiteln. Beide Ebenen boten sowohl für Herrscher als auch für den individuellen Krieger Anreize, sich auf ein Bündnis mit den Spaniern und Konfrontationen mit ihren Konkurrenten einzulassen. Angesichts des Mikropatriotismus und der wechselnden indigenen Allianzen musste das Bild einer Handvoll Konquistadoren im Kampf gegen Scharen vereinter Indios korrigiert werden – und außerhalb von Expertenkreisen muss es das noch immer. Eine pauschale Gegenüberstellung von Indios und Spaniern verzerrt die Realität.

Das quantitative Ungleichgewicht, das Francisco de Xerez in der eingangs erwähnten Frage überzeichnete, wurde durch zwei weitere Faktoren relativiert: Erstens verschwiegen die Konquistadoren in den meisten Berichten den Beitrag, den ihre Diener sowie versklavten Mauren und Schwarzafrikaner leisteten, und zweitens schwächten und dezimierten die aus der Alten Welt eingeschleppten Epidemien die indigene Bevölkerung. Dadurch wurde zwar die zahlenmäßige einheimische Überlegenheit – außer auf den Antillen – nicht aufgehoben, aber es entstanden Nachfolgerkonflikte und die Indios wurden entscheidend geschwächt. Darüber hinaus ist die gängige Vorstellung der *Conquista* auch aufgrund der Rahmung des Prozesses unpräzise. Meist konzentrieren sich die Darstellungen zu sehr auf Schlachten, ergeben sich aus diesen doch die dramatischeren Stories. So kann entweder die Brutalität der Konquistadoren betont oder die langfristige Unterdrückung und Ausbeutung durch die im Krieg geltende Beutelogik legitimiert werden. Mehrheitlich jedoch führten im Zuge von Auseinandersetzungen nicht blutige Kämpfe zum Ziel, sondern friedliche Verhandlungen.

Zusammenfassend kann gesagt werden, dass das Bild der *Conquista* samt ihren Akteuren lange zu einseitig und zu eurozentrisch gezeichnet worden ist. Im Fokus haben in der Regel die prominenten spanischen Anführer und die vermeintlichen kriegerischen Schlüsselmomente gestanden. Allerdings machten die *Conquista* neben den indigenen Allianzen, europäischen Krankheitserregern und diversen Kontingenzen vor allem die spezifisch spanischen Praktiken der Beuteverteilung möglich. Diese Anreiz- und Belohnungsschemata erlaubten es dem einfachen Zimmermann, Arzt, Notar, See- oder Kaufmann, sich mit seiner Person und, je nach Vermögen, mit Kapital zu beteiligen. Mehr noch, die Aussichten auf materielle Belohnung und soziale Besserstellung waren von fundamentaler Bedeutung für die Bildung, Organisation und Auflösung von Beutegemeinschaften sowie die daraus resultierenden Eroberungszüge. Mit Ausnahme von Cajamarca akquirierten die gemeinen Konquistadoren nicht genügend Edelmetall, um sich als reiche Männer vom Eroberungsgeschäft zu verabschieden. Verschuldung, soziale Zwänge, aber auch Hoffnung, ließen die einen sich dem nächsten Beutezug anschließen. Die anderen besiedelten das Land, das ihnen der Anführer – anstelle von Gold und Silber – in Kooperation mit den indigenen Eliten für gewöhnlich zusammen mit Tributrechten zuteilte. Mit Hilfe von Petitionen an die

Krone versuchten sie, ihren privilegierten Status als «Erste Eroberer» zu sichern. Damit förderten sie nicht nur die Etablierung des 300 Jahre währenden Kolonialreichs. Sie prägten zudem die Bilder von den Konquistadoren, die seither entworfen wurden und die hier den aktuellen Forschungsstand weiterführend teilweise neu interpretiert oder zumindest neu akzentuiert worden sind.

Zeittafel

um 1000	Skandinavier in Grönland, Neufundland und auf der Baffininsel
1453	Die Osmanen erobern Konstantinopel.
1478–1496	Zweite Eroberung der Kanaren durch die Kastilier
1479	Vertrag von Alcáçovas
2.1.1492	Kastilien-Aragón zieht in Granada ein. Damit wird die letzte maurische Herrschaft auf der Iberischen Halbinsel unterworfen.
1492–1493	Erste Reise des Kolumbus
12.10.1492	Die Kolumbus-Expedition landet auf Guanahani.
4.5.1493	Papst Alexander VI. erlässt die Bulle *Inter Caetera.*
1493–1496	Zweite Reise des Kolumbus
1494	Vertrag von Tordesillas
1496	Gründung von La Nueva Isabela (heute Santo Domingo), der ältesten von Europäern gegründeten Stadt in Amerika
1497	Giovanni Caboto sucht für England eine Nordwestpassage bei Neufundland.
20.5.1498	Vasco da Gama erreicht Indien auf dem Seeweg um Afrika.
1498–1500	Dritte Reise des Kolumbus. Am 1.8.1498 «Entdeckung» Südamerikas an der Mündung des Orinokos
1500	Vicente Yáñez de Pinzón erkundet die Nordostküste Südamerikas bis zur Amazonas-Mündung.
1500	Beginn der Missionstätigkeit der Franziskaner
22.4.1500	Pedro Álvares Cabral «entdeckt» Brasilien für Portugal.
1502–1520	Moctezuma Xocoyotzin Herrscher der Mexica
1502–1504	Vierte Reise des Kolumbus
1502/03?	Amerigo Vespucci veröffentlicht *Mundus Novus.*
1503	Einführung des *encomienda*-Systems in Spanisch-Amerika
1503	Gründung der *Casa de la contratación de Indias* in Sevilla
26.11.1504	Tod Isabellas I. von Kastilien

25.4.1507	In Martin Waldseemüllers und Matthias Ringmanns *Cosmographiae Introductio* erhält Amerika diesen Namen.
1508–1526	Eroberung Panamas unter Diego de Nicuesa, dann Vasco Nuñez de Balboa und schließlich unter Pedrarias Dávila
1509	Besiedlung Jamaikas unter Juan de Esquivel
1510	Beginn der Missionstätigkeit der Dominikaner
1511	Gründung der ersten *Audiencia* in Santo Domingo
1511–1515	Eroberung Kubas unter Diego Velázquez
1512/13	Die Gesetze von Burgos sollen die Indigenen schützen.
1513	Einführung des *Requerimiento* zur Rechtfertigung von Eroberungen
1513	Vasco Núñez de Balboa «entdeckt» den Pazifik, das «Südmeer».
1513 und 1521	Gescheiterte Expeditionen nach Florida unter Juan Ponce de León
1516–1556	Karl I. regiert als König von Spanien, Neapel, Sizilien und Las Indias (seit 1506 schon der Niederlande), ab 1519 zudem als Erzherzog von Österreich und als Kaiser Karl V.
1519–1521	Eroberung Tenochtitlans unter Hernán Cortés
1519–1522	Erste Weltumseglung unter Ferdinand Magellan und Juan Sebastián Elcano
1524	Gründung des Indienrats
1524–1529	Eroberung Guatemalas und El Salvadors unter den Brüdern Pedro und Jorge de Alvarado
1527–1532	Erbfolgekrieg zwischen Atahualpa und Huáscar in Peru
1527–1543/1697	Eroberung Yukatans unter den Franciscos de Montejo (Vater, Sohn und Neffe)
1529–1546	Expeditionen und Statthalterschaften der Welser in Venezuela
1531–1534	Eroberung des Inkareichs unter Francisco Pizarro und Diego de Almagro
1535	Gründung des Vizekönigreichs Neuspanien
1535–1539	Pedro de Mendozas Expedition in Río de la Plata
1536–1538	Gonzalo Jiménez de Quesadas Expedition in Kolumbien
1540–1542	Francisco Vázquez de Coronado erreicht den Südwesten der heutigen USA.
1540–1553	Pedro de Valdivia erobert Chile bis zum Fluss Bío Bío.

1542/43	Die *Leyes Nuevas* Karls V. sollten u. a. das *encomienda*-System beenden.
1543	Gründung des Vizekönigreichs Peru
1550–1551	Junta de Valladolid
1552	Las Casas veröffentlicht die *Brevísima relación de la destrucción de las Indias.*
1556–1598	Regierungszeit Philipps II.
1565–1574	Eroberung der Philippinen unter Miguel de Legazpi
1572	Hinrichtung des letzten Inkaherrschers Túpac Amaru
1573	Erlass der *Ordenanzas de descubrimiento* durch Philipp II., worin er alle Konquistadoren und Siedler Spanisch-Amerikas adelt, weitere gewaltsame Eroberungen verbietet und die Konsolidierung der Kolonisation propagiert

Literaturhinweise

Avellaneda Navas, José, The Conquerors of the New Kingdom of Granada, Albuquerque 1995

Bernhard, Roland, Geschichtsmythen über Hispanoamerika. Entdeckung, Eroberung und Kolonisierung in deutschen und österreichischen Schulbüchern des 21. Jahrhunderts, Göttingen 2013

Bitterli, Urs, Die Entdeckung Amerikas. Von Kolumbus bis Alexander von Humboldt, München [2]2006

Brendecke, Arndt, Imperium und Empirie. Funktionen des Wissens in der spanischen Kolonialherrschaft, Köln/Weimar/Wien 2009

Damler, Daniel, Imperium Contrahens. Eine Vertragsgeschichte des spanischen Weltreichs in der Renaissance, Stuttgart 2008

Edelmayer, Friedrich/Bernd Hausberger/Barbara Potthast (Hg.), Lateinamerika 1492–1850/70, Wien 2005

Góngora, Mario, Studies in the Colonial History of Spanish America. Translated by Richard Southern, Cambridge u.a. 1995

Grunberg, Bernard, L'univers des conquistadores. Les hommes et leur conquête dans le Mexique du XVI siècle, Paris 1993

Hiery, Hermann (Hg.), Lexikon zur Überseegeschichte, Stuttgart 2015

Hinz, Felix, Berichte über Hernán Cortés, in: www.motecuhzoma.de

Huber, Vitus, Beute und Conquista. Die politische Ökonomie der Eroberung Neuspaniens, Frankfurt a.M./New York 2018

König, Hans-Joachim/Michael Riekenberg/Stefan Rinke, Die Eroberung einer neuen Welt. Präkolumbische Kulturen, europäische Eroberung, Kolonialherrschaft in Amerika, Schwalbach [2]2008 (*Quellenmaterial für den Schulunterricht*)

Lamana, Gonzalo, Domination Without Dominance. Inca-Spanish Encounters in Early Colonial Peru, Durham NC 2008

Lockhart, James, The Men of Cajamarca. A Social and Biographical Study of the First Conquerors of Peru, Austin 1972

Matthew, Laura/Michel Oudijk (Hg.), Indian Conquistadors. Indigenous Allies in the Conquest of Mesoamerica, Norman 2007

Reinhard, Wolfgang, Die Unterwerfung der Welt. Eine Globalgeschichte der europäischen Expansion 1415–2015, München 2016

Restall, Matthew, Seven Myths of the Spanish Conquest, New York 2003

Übersetzte Augenzeugenberichte

Cabeza de Vaca, Álvar Núñez, Die Schiffbrüche des Álvar Núñez Cabeza de Vaca. Bericht über die Unglücksfahrt der Narváez-Expedition nach der Südküste Nordamerikas 1527–1536, Stuttgart 1925

Cortés, Hernán, Die Eroberung Mexikos. Drei Berichte von Hernán Cortés an Kaiser Karl V., hg. v. C. Litterscheid, Frankfurt a. M. 1980

Díaz del Castillo, Bernal, Geschichte der Eroberung von Mexiko, hg. und bearb. von Georg Narciss und Tzvetan Todorov, Frankfurt a. M. [2]1988

Las Casas, Bartolomé de, Kurzgefaßter Bericht von der Verwüstung der Westindischen Länder, hg. v. M. Sievernich, mit einem Nachwort v. H.-M. Enzensberger, Frankfurt a. M./Leipzig 2006

Poma de Ayala, Felipe Guamán, Die neue Chronik und gute Regierung. Faksimileausgabe und Übersetzung auf CD-ROM, hg. v. Ursula Thiemer-Sachse, übers. von Ulrich Kunzmann. In Zusammenarbeit mit der Königlichen Bibliothek zu Kopenhagen, Berlin 2004

Bildnachweis

Abb. 1: Benson Latin American Collection, *Lienzo de Tlaxcala* (ca. 1528)
Abb. 2: © España. Ministerio de Cultura y Deporte. Archivo General de Indias, Mexico, 95, N.1, f. 6r
Abb. 3: Det Kongelige Bibliotek Kopenhagen, GKS 2232 4°, Felipe Guaman Poma de Ayalas *Nueva corónica y buen gobierno* (1615), f. 410/412
Abb. 4: Instituto Nacional de Antropología e Historia, *Matrícula de tributos* (1522–1530)
Abb. 5: © España. Ministerio de Cultura y Deporte. Archivo General de Indias, MP-Escudos, 26
Abb. 6: © España. Ministerio de Cultura y Deporte. Archivo General de Indias, MP-Escudos, 202
Abb. 7: CC0 1.0 Universal Public Domain Dedication
Abb. 8: Hospital de Jesús, Mexiko-Stadt, © Heritage Images / Index / akg-images
Abb. 9: Germanisches Nationalmuseum Nürnberg, Hs. 22474, Bl. 77
Abb. 10: Museo del ejército, Madrid, © akg-images / Fototeca Gilardi

Personenregister